新 絵でみる マット運動 指導のポイント

内田雄三 編　岡田和雄 著
村上紀子

日本標準

本書は，1994年に（株）あゆみ出版より発行された『新版 絵でみる マット指導のポイント』に加筆修正をし，「改訂版」として出版するものです。

はじめに

● **子どもたちの笑顔が輝くために**

　本書は,「すべての子どもたち」に体育のすばらしさを教えたいと願う多くの教師たちの実践成果を,豊富なイラストを使って,できるだけわかりやすい形で紹介したものである。そこには,目の前の「子どもたちを大切にしたい」という教師の願いが貫かれている。つまり,本書は,体育の授業に関するものだが,「子どもたちの笑顔が輝くために」と願う教師たちの主体性,自立性を学校教育で実現するための本でもある。

● **「楽しい体育」時代の「絵でみる」シリーズ**

　本書は,岡田和雄さんの発案による「絵でみる」シリーズとしてあゆみ出版より刊行されたものに加筆修正をし,本格的にリニューアルしたものである。旧著は,1980年代から1990年代にかけて全11巻が出版された。各巻によって部数は異なるが,各巻ともにほぼ1万冊を越え,合計で10万冊以上が全国に広まった大変好評なシリーズだった。

　旧著が出版された時期は,「楽しい体育」が日本の体育の中心だった。「楽しい体育」の時代には,体育の授業で運動技術を教えることは,教師の教え込みとして批判され,学習内容や方法を子どもたちが選択するように奨励された。子どもたちが選んだ方法で運動すれば,それが子ども中心の授業といわれたのである。

　「楽しい体育」の時代に,運動ができない子どもたちを前にして,「教えてはいけない。教師は支援に徹するべきだ」といわれる中,多くの教師はとまどい,旧著を手にし,子どもにそっと教えていたのだろう。そこには,目の前の子どもたちみんなに「運動ができる喜び」を実現してやりたいという教師としての誠実な思いがあった。

　そして,この本は「子どもたちに運動の喜びを」と願う全国の教師たちの役に立つことができた。この本に書かれている技術指導によって,たくさんの子どもたちが「わかり・できる」ようになり,仲間とともに

豊かな運動文化の世界を知ることができたのである。

　教育関係の本が売れない時代に，しかも「楽しい体育」全盛の時代にこの本が広まったということ。「よいものは，よい」。私たちが，この本を再度発刊したいと願った理由が，ここにある。

●「楽しい体育」から「健やかな体育」の時代へ

　「楽しい体育」の時代には，運動が得意な子はある程度上手になったが，運動が苦手な子は教師からの指導を受けることなく放置され，運動のできる子とできない子の格差を生む二極化が進行した。

　2008年1月に中央教育審議会から，「幼稚園，小学校，中学校，高等学校及び特別支援学校の学習指導要領等の改善について（答申）」が公表されたが，「楽しい体育」について以下の4点が課題とされている。

> ・運動する子どもとそうでない子どもの二極化
> ・子どもの体力の低下傾向が依然深刻
> ・運動への関心や自ら運動する意欲，各種の運動の楽しさや喜び，その基礎となる運動の技能や知識など，生涯にわたって運動に親しむ資質や能力の育成が十分に図られていない例も見られること
> ・学習体験のないまま領域を選択しているのではないか

　そして，「基礎的な身体能力や知識」を身につけることが強調され，次のように説明されている。

> 　身体能力とは，体力及び運動の技能により構成されるものである。知識は，意欲，思考力，運動の技能などと相互に関連しながら，身に付いていくものであり，動きの獲得の過程を通して一層知識の大切さを実感できるような指導が求められる。

　また，身体能力や知識の具体的内容について「学校段階の接続及び発

達の段階に応じて指導内容を整理し，明確に示すことで体系化を図る」と述べているので，今後各学年段階に応じた＜具体的指導内容＞が示され，それは「体系化されたもの」として各学校に下りてくると思われる。

　つまり，「楽しい体育」から「体力や運動技能」を重視する体育へと大きく転換されることになるし，「子どもの自主性」から「教師の指導性」へと振り子が揺れ戻ることになりそうだ。このような傾向は，新学習指導要領全体における「重点指導事項例の新設」に表れているように，日本全国の子どもたちに獲得させるべき内容をより「具体的」に示すとともに，その獲得状況を検証し，結果責任を一人ひとりの教師に問うという全体システムに基づいている。したがって，個別化（個に応じた）路線は継承され，指導内容が教師主導の「体力，運動技能」中心になることが予想される。

　しかし，学習指導要領がどのように変わろうとも，すべての子どもたちに体育のすばらしさを教えたいという教師の願いは変わらない。本書によって，たくさんの子どもたちが運動文化・スポーツの豊かな世界を学ぶこと，そして，日々誠実に教育実践に取り組んでいる教師のみなさんの役に立つことを願っている。

　　2008年2月

　　　　　　　　　　「新 絵でみる」シリーズ編集委員会
　　　　　　　　　藤井喜一　大貫耕一　内田雄三　鈴木 聡

もくじ

はじめに ──────────────────────────── 3

　本書の活用にあたって ──────────────────── 9
　図解を見るにあたって ──────────────────── 10
Ⅰ　マット運動の技術の発展と指導過程 ─────────── 11
　❶　マット運動のおもしろさ ────────────────── 11
　　①　マット運動のおもしろさをどうとらえるか　11
　　②　マット運動は好まれているか　12
　　③　スプリング系の回転のおもしろさ　13
　❷　マット運動の技術の発展 ───────────────── 14
　　①　学習内容の発展　15
　　②　マット運動の技術の発展系統　17
　❸　マット運動の指導過程 ────────────────── 18
　　①　低学年のマットあそび　18
　　②　中学年のマットあそび・マット運動　20
　　③　高学年のマット運動　22

Ⅱ　マット運動の内容と指導のポイント ─────────── 25
　❶　マットあそびのいろいろ ────────────────── 25
　　①　動物の模倣あそび　25
　　②　円盤まわり　28
　　③　横ころがり　30
　❷　単一種目とその指導 ─────────────────── 31
　　①　側転　31
　　②　前転　32
　　③　後転　34
　　④　とび前転　36
　　⑤　開脚前転　38
　　⑥　開脚後転　42
　　⑦　伸膝前転，伸膝後転　44
　　⑧　側方倒立回転　45

⑨ ホップ側方倒立回転と側方倒立回転ひねり　53
　　⑩ 首はね起き（ネックスプリング）　58
　　⑪ 頭はね起き（ヘッドスプリング）　61
　　⑫ ハンドスプリング（前方倒立回転）　65
　　⑬ バランス技　69
　　⑭ ジャンプのつなぎ技　79
　❸ 連続技の指導 …………………………………………………… 82
　　① 連続技づくりの工夫　82
　　② 音楽を使った連続技づくり　100
　　③ 方形マットでの連続技づくり　108

Ⅲ　学習指導計画例と記録用紙・学習カード例 ──────── 118
　① 指導計画・指導案例　118
　② 記録表の例　121
　③ 学習カードの例　129

Ⅳ　評価 ──────────────────────────── 132

おわりに ────────────────────────────── 134

●**本書の活用にあたって**

　本書は，主に小学校の体育授業にたずさわる現場の先生方が，事前の教材研究の参考としたり，授業のなかでも技術指導のポイントをつかむために役立つようなハンドブックとして編集したものである。教材の考え方，指導計画の立て方，技術の系統の押さえ方などによって全体の見通しを立て，具体的な指導の要点，授業の展開例など，できるだけわかりやすく解説したつもりである。

　図解を中心としているのは，動きの順序や重要なポイントを分解したりとり出したりして，練習のポイントや指導のコツなどを表そうと考えたからである。したがって，写真のように生の動きではないが，技術の大体を押さえ，練習や指導上の要点を図のなかから読みとってほしいと考えている。

　運動技術や練習方法についての図解は，およそ次のような原則で記述してある。

(1) 1つの運動，技術，動きについて大体の方法を示している。

(2) その運動の練習の仕方，ポイント，留意点を示している。

(3) その運動と類似している技，同系統の技，発展的な技を示している。

(4) 1つの運動の部分的な動きで，注意すべき留意点をゴシック体の文字で解説し，必要に応じて円型囲みによって示している。

(5) 補助の方法とそのポイントを示している。

(6) 子どものつまずきや，悪い例，危険な例などを示している。

以上のような観点で図解をすすめているので参考にしていただきたい。

●図解を見るにあたって

❶・❷……教材の大きな分類（例―下図Ⓐ）

①●●●…種目の大きな分類（例―下図Ⓑ）

(1)・(2)…種目名，具体的に解説する内容（例―下図Ⓒ）

①・②……同じ種目での何通りかの方法や指導（例―下図Ⓓ）

1)・2)……1つの技の順序を示す（例―下図Ⓔ）

★…………技術の解説，指導のポイント，練習上の留意点，安全のための配慮（例―下図Ⓕ）

ゴシック…技術上の部分的な留意点，動きの部分的なポイントなど。必要に応じて円型囲みでその部分を示す（例―下図Ⓖ）

I　マット運動の技術の発展と指導過程

マット運動のおもしろさ

① マット運動のおもしろさをどうとらえるか

　小学校の体育授業で取り上げる器械運動は，とび箱・鉄棒・マットの3つの運動で構成される。3つの運動の中で，マット運動の特徴は鉄棒やとび箱のような器具を使わず平面上で行われるところにある。この点からマット運動ならではのおもしろさは下に示すような点があげられる。
・転がったりはねたり，逆さになったり，自分の身体を意図的に操作することができるおもしろさ
・痛みや恐怖心を感じることが少なく，比較的安心して自由に動けるおもしろさ
・技へ挑戦するおもしろさと考えた動きが演技の中で実現できるおもしろさ
　このようなおもしろさには，次のような段階があると思われる。

1.　「できる」

　子どもたちは運動ができるようになると自信をもち，さらに意欲を高めていく。低学年期は，友達のまねをしたり動きを発明したりなど，自分の体はこんなに動くのだ，という発見や気づきを素直に表すことができる時期でもある。低学年の学習では，これらのおもしろさを味わわせることが重要である

2.　「よりよくできる」

　できるようになると、「よりよくできる」ことを次に子どもたちは求める。「よりよく」には難度や美しさなどの違いがあるが、例えばただ「まわる」前転から「なめらかに」「大きく」まわる前転へはその典型である。高学年では「よりよく」に向けて、さらに高い技術を身につけ動きの工夫を求める学習が重要である。

3.　「表す」

　ある程度単技の習得ができた子どもには、演技としてのよりよい表現を求めたい。複数の技をどうつなげてなめらかな演技にするか、また技の高低、大小、遅速などの視点から構成し作品化することは体操競技における床運動のイメージにつながる。

　このように低学年期では「できる」、高学年期には「表現する」を重視したそれぞれの段階を通してのおもしろさがある。このようなおもしろさを子どもたちに味わわせるよう指導にあたりたい。

❷　マット運動は好まれているか

　マット運動をはじめ、器械運動を苦手とする子どもたちは多いと言われているが、その理由は何だろうか。

　鉄棒にはさかあがり、とび箱には開脚腕立てとび越し（いわゆる開脚とび）という、その運動の代名詞とも呼べる技がある。マット運動では前転がそれにあたるという考え方が強いようである。

　でんぐりがえしや前まわりと呼ばれ、小さい子なら家のふとんの上でもやっている、身体を丸める技の代表である。これができないと次の技の練習ができないと言われるのは、前転は簡単だという考え方があるからだろう。

　確かに前転は簡単そうに見えるが、身体を丸めるために自分の視点をどこに置くかがわからず、自分の運動の様子や身体の動きを確かめにく

い技である。中には目をつむったままわっている子がいるくらいである。この技を習得した後の発展技が意外と広がらないこともあり，発展の見通しがもてない技の練習は単調にならざるを得ない。

マット運動というと前転，前転ができないと他の技に取り組めないという学習では，子どもたちがマット運動に意欲をもてなくなるおそれは十分ある。

❸ スプリング系の回転のおもしろさ

前転や後転などのロール系（回転系）の技群の他に，身体を反らして行うスプリング系（転回系）と呼ばれる技群がある。低学年期から身体を丸める・反らす両方の動きの指導はその後の運動の広がりを考えた上で重要であるが，子どもたちにはスプリング系の技の方がどうやら魅力的のようである。

スプリング系の技の特徴は，腕で身体を支持し倒立の過程を経て腕を押し離して着地するところにある。その基礎技術と言われる側方倒立回転（側転）は，両腕で身体を支え大きく回転する技で，これまでの実践から低学年でも十分できるようになる技である。さらにこの側転指導のステップがある程度わかってきており，子どもたちがその段階を追って学習すれば，比較的簡単にできるようになる。その後の発展を考えると，ロンダートやハンドスプリングなどのダイナミックな技につながっていく。

前にも述べたように，マット運動のおもしろさのスタートは「できる」ことである。技能が高まればそれに応じた「できる」を味わうことができる。スプリング系の技を核としたマット運動におけるできるおもしろさと子どもたちの学習意欲を高めることが，授業で大切にされる必要があろう。

マット運動の技術の発展

　子どもたちにとって，運動ができるようになることは大きな喜びである。しかしその目標があまりに自身のもっている力とかけ離れては喜びにはつながらない。自身の力がわかり，その力に応じた技ができるようになれば，徐々に技のつながりや広がりに対してイメージをもつことができるはずである。このことから，学習に対する素地（レディネス）がどの程度あるのかを見極め，子どもたちの力にあった指導が必要となってくる。

　指導の視点として，順序性を踏まえた指導について述べたい。

　マット運動の前段階であるマットあそびでは，できるだけさまざまな運動感覚を養いたい。具体的には次のような運動感覚をあげることとする。

・身体を腕で支える感覚　　　・逆さになる感覚
・身体の重心を移動させる感覚　・ふみきりの感覚
・身体を引き締める感覚

　マットあそびは子どもにとってはいろいろな動物の動きをまねする運動なので，まさにあそびながら取り組める。教師はこうした動きの学習で，どんな力が身に付くのかを見通して子どもたちに学ばせなければならない。このような感覚を低学年期に身につけておくことが，中学年期以降の技の学習に大きな役割を果たすことになる。さまざまな運動あそびによって身についた力や動きが中学年での意欲的な学習につながり，さらには高学年で自分や仲間の動きを客観的にとらえ，さらに技への挑戦意欲を高めていくのである。

1　学習内容の発展

　マット運動の学習内容の発展を，技の習得と連続技の2つの内容から考えてみたい。

1. 技の習得

低学年

○動物歩き……両手足で動物のまねをして動く
　　　　　　　ウマ歩き，イヌ歩き，カエルとび，
○スキップ，ケンパーとび，大また走り，ふみきりあそび
○ウサギの足打ち，壁を使った腕支持の運動～壁倒立など
　　また技としては，前転や後転，円盤まわりなどのまわる技と首倒立（アンテナ）や片足立ち・片足平行立ちなどのバランス技，半回転・1回転などのジャンプ技が考えられる。

中学年

回転系……前転，後転，開脚前転など
スプリング系……円盤まわりや川とび側転～倒立側方回転
　これまでの授業実践から得られた成果から，側方倒立回転につながる基礎的な運動としても，十分に子どもたちができるようになる技として位置づけられる。

高学年

回転系……とび前転や倒立前転，伸膝後転など
スプリング系……側方倒立回転からの発展としてロンダート，側方倒立回転前ひねりなど

2. 連続技づくり

中学年では単に技を組み合わせるだけでなく，技と技との間にどんな動きを入れればつながりよく演技できるかを意識させたい。どんな動きをするかは子どもらしい発想が生きる大事な場面である。

高学年では中学年での学習を生かした学習展開が考えられる。技，動きともに表現豊かな演技に向け，例えば技の進行方向や着地時の向きに応じて次の技を選び，むだな動きのない一連の流れをつくりあげる。また技や動きを対比的に選び，大小，遅速，動静などの変化を演技に取り入れることも学ばせたい内容である。

3. 学習方法

以上，学習内容から発展を見通したが，学習方法についても発展の姿を想定しておく必要がある。

低学年では，友達の動きをまねしたり新しい動きを発明したりという学習を通して，仲間と学ぶ楽しさやその意味を低学年なりに理解させることができる。中学年では運動の「コツ」を視点としたグループでの学習が可能であり，また高学年では演技の集団化を通して，互いの動きを見合ったり助言し合ったりしてより磨きのかかった演技に向けての学習が期待できる。さらにこれらの演技を直線に敷かれたマットだけではなく，マットの方向を組み替えたり方形上に敷き詰めたり，いろいろな工夫ができる。

❷ マット運動の技術の発展系統

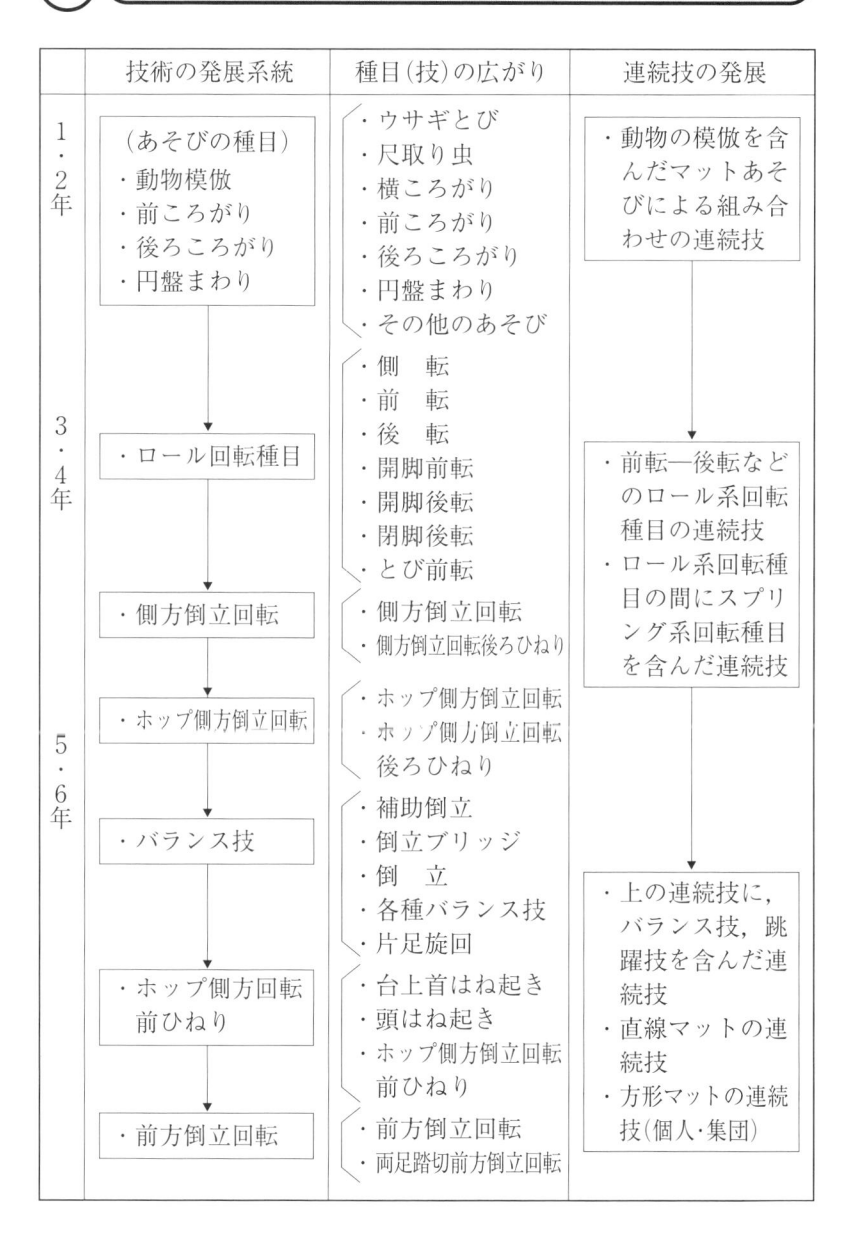

	技術の発展系統	種目(技)の広がり	連続技の発展
1・2年	(あそびの種目) ・動物模倣 ・前ころがり ・後ろころがり ・円盤まわり	・ウサギとび ・尺取り虫 ・横ころがり ・前ころがり ・後ろころがり ・円盤まわり ・その他のあそび	・動物の模倣を含んだマットあそびによる組み合わせの連続技
3・4年	・ロール回転種目	・側 転 ・前 転 ・後 転 ・開脚前転 ・開脚後転 ・閉脚後転 ・とび前転	・前転―後転などのロール系回転種目の連続技 ・ロール系回転種目の間にスプリング系回転種目を含んだ連続技
	・側方倒立回転	・側方倒立回転 ・側方倒立回転後ろひねり	
5・6年	・ホップ側方倒立回転	・ホップ側方倒立回転 ・ホップ側方倒立回転後ろひねり	
	・バランス技	・補助倒立 ・倒立ブリッジ ・倒 立 ・各種バランス技 ・片足旋回	・上の連続技に,バランス技,跳躍技を含んだ連続技 ・直線マットの連続技 ・方形マットの連続技(個人・集団)
	・ホップ側方回転前ひねり	・台上首はね起き ・頭はね起き ・ホップ側方倒立回転前ひねり	
	・前方倒立回転	・前方倒立回転 ・両足踏切前方倒立回転	

3 マット運動の指導過程

1 低学年のマットあそび

1. 低学年の目標

低学年のマットあそびの目標は，次のように設定することができる。

〈1年〉
1. マットの上でいろいろなあそびをして，マットあそびの楽しさを味わう。
2. お話に合わせて動きを組み合わせ，楽しく表現する。
3. グループで仲良く助け合い，協力して学習を進める。

〈2年〉
1. マットの上でいろいろな動きをしながらあそび，マット運動のおもしろさを味わう。
2. お話に合わせ，動物歩きを入れて技を組み合わせ演技することができる。
3. グループで助け合い協力して学習を進めることができる。

---

2. 低学年の学習の工夫

ここでは「お話づくりのマットあそび」を例に授業展開を示すことにする。お話マットは，短い文でできたお話に動きを合わせて演技する活動である。低学年の子どもたちは「なりきる」ことが好きであり，この低学年らしさを生かして取り組ませたい。例えば次のようなお話を示して動いてみる。

クマさんが　〜　川をとびこえ　〜　ごろりんこ　〜　はいポーズ
（両手足歩き）　　　（川とび）　　（前まわり）　　　（自由に）

　これをもとにして，クマをウマやカエルに変えそれに合った動きを取り入れていくと，個性あふれるお話をつくることができる。

　授業展開は次のようになる。

○動物の模倣あそび

　　いろいろな動物の動きをまねしてみる。その動きを見せ合ったりまねし合ったりする。

○まわる運動

　　ここでは前まわりや後ろまわり，横ころがりなどを取り上げる。

○動きの組み合わせ

○お話づくりの例を提示し，お話マットのイメージをもたせる。

○お話の例をもとにして，自由にお話をつくり動く。

○発表をする。

　この時期の子どもは運動経験の差が大きい。幼児期にこうした運動に親しんできた子にとっては安心して自分の身体を動かすことができるが，経験がない，あるいは少ない子は尻込みしてしまう場合がある。お話マットでは思いもよらぬ動きが出てきたり，失敗したと思った動きがかえっておもしろい動きだったりということがある。

　子どもたちの動きのちょっとした変化を見とり，それをほめたり認めたりという教師のかかわりは欠かせないものである。

　また運動感覚を耕す際に必要なのは，運動の継続である。いろいろな運動あそびも場当たり的に行わず，それぞれの動きの特徴と，子どもたちにどんな力や感覚を育てたいかを踏まえた運動あそびに取り組ませたい。

2　中学年のマットあそび・マット運動

1．中学年の目標

中学年の目標を次のように設定したい。

〈3年〉
1. グループでの作品づくりを通して，マット運動のおもしろさを味わう。
2. 腕立て側方転回を練習し，できるようになる。
3. 友達同士で動きを見合ったり話し合ったりしながら，協力して学習を進める。

〈4年〉
1. マットの並べ方をいろいろ工夫した作品づくりを通して，マット運動のおもしろさを味わう。
2. 腕立て側方展開からホップ側転，側転90度後ろひねりなどの練習をし，できるようになる。
3. いろいろな技の練習方法や補助法がわかり，グループで教え合って練習できる。

2．中学年の指導過程

○技の確かめ

　3年生までにできるようになった技を確かめ，これからの学習に見通しをもつ段階と考えられる。

○基礎的な練習

　技の正確性も必要な指導だが，むしろ手のつき方やふみきり方など，これからの技の学習に必要な点について指導を心がけたい。

○動きや技の組み合わせ

　個々の技を練習してから技をつなげて練習する。2つの技をなめらかにつなげることをめざし，前転の連続や前転〜後転，前転〜開脚前転，ウマ歩き〜前転などを練習する。

○新しい技の練習

　円盤まわりから側方倒立回転，開脚後転など，これまで練習したことのない技にも意欲をもって練習させる。

○つなぎ技，ジャンプやバランス技の練習

　この段階では，「前転－前回り－V字バランス」をモデル提示をする。前転2連続からV字バランスで止まろうとすると，たいてい回転の勢いで足がマットについてしまう。このことから，技と技のつなぎや次の技を予測した動き，そしてバランス技で静かに止まることをグループでの練習から見つけ演技に生かしていく。

○連続技の練習

　簡単な動きの連続，新しい技の練習などのまとめとして，連続技づくりに取り組ませる段階である。

　3種類の技の連続をひとまとまりにして，できればこのまとまりを3つほどつくってみる。その中から2つを選び，2つのまとまりをさらにつなげて6種類の連続技をつくっていく。それぞれの演技を相互評価させる機会もぜひつくりたい。

3 高学年のマット運動

1. 高学年の目標

　子どもたちの多くは，難度の高い技へ挑戦したがり練習も大変意欲的になる。一方で苦手意識が高まり練習を敬遠しようとする子どもも出てくるので，ともに学ぶ必然性をもたせ，グループによる学習によってお互いの成果や課題を共有できる学習展開が必要である。

　これらから，高学年のマット運動の目標は大きく２つ設定できる。１つ目は学習の見通しをもって自分の技や作品づくりに取り組むことであり，２つ目は共同的かつ自主的な学習に取り組むことである。

2. 高学年の指導過程

○オリエンテーション（導入過程）
　　オリエンテーションで大切にしたい内容は，できる技調べや学習の見通しをもたせること，学習課題を把握することがあげられる。
○既習経験と問題点の把握
　　今できる技やできなかった技などを振り返り，またマット運動の学習の楽しさやいやだったことなどから学習の課題を把握する。
○目標の理解と把握
　　教師は子どもたちを丁寧に見とり彼らの思いや願いを受けとめながら，単技や連続技づくりの意味や目標を子どもたちに伝え，両者のすりあわせによって学習目標を設定する。
○全体計画づくり
　　何時間の学習で，学習の順序はどのように進めるのか，さらに練習方法についても計画の中に取り入れていきたい。
○グループ編成
　　できるだけ個人差を少なくしたグループをつくる場合と，あえて能力的に差のあるグループをつくる場合がある。両者にはそれぞれよさと問題点があるが，基本的には異質集団で進めたい。またグループで

リーダーを決め，練習や課題解決を主体的に進めさせたい。
○記録のとり方や活用のし方
　　学習の記録には個人とグループの記録がある。個人については技の獲得に関する表や個人ノートなど，グループについては作品づくりの記録やグループノートなどがある。子どもが学習に反映できるよう目標に照らして必要な記録を精選し，充実した記録としたい。
　　またこれらが自分（たち）の学習に生きるよう，技能的なものとともに取り組みに関する振り返りも書かせたい。
○練習方法と器具の使い方
　　それぞれの技に応じて練習方法は変わり，異質グループであれば，自分の練習方法と仲間の練習方法の両者に目を向けさせたい。技の習得にふさわしい練習方法とそれにあった場か，安全な学習ができる環境であるかを理解させたい。

〈学習課題の把握について〉
○単一種目について
　　中学年の学習と同様，自分の技能がどの程度かを確認させ，以降の学習を自主的に進められるような手だてが必要である。
　　さらに確認した技それぞれについて，難度を高くしたりできばえを美しくしたりという課題をもたせる。それに応じて練習方法が変わるので，自分の技の実際を振り返ることができるよう技の一覧表や練習方法を示すシートなどが有効であろう。
○連続技について
　　3種類程度の技を提示し，技のつなげ方やそれによる演技の変化などを課題とする。はじめは易しい技を組み合わせ徐々に難度の高い技を組み込んで構成を工夫させ，次のような展開で進めたい。
・連続技の規定問題（モデル）の練習
　　教師が提示する複数のモデルを練習する段階である。どの子もでき，上手に演技するポイントがわかりやすいことが重要である。

- **個人の連続技づくり**

　モデルで用いた技の一部を入れ替えたり新たに技を組み込んだりして，「自分」の連続技づくりに取り組ませる段階である。次のような進め方で連続技づくりをさせる。単技練習は連続技の質的な高まりをめざすものととらえたい。
- **簡単で確実にできる技で連続技をつくる。**
- **できるだけコンパクトに技を構成する（3～5種類の技で）。**
- **連続技全体のリズムやスピードを考える。**
- **演技としてのできばえをよりよくする。**
- **発展として**

　どんな場で演技するのかは連続技づくりにおいて重要な視点となる。直線のマットか方形か，直線なら一方向か折り返しか，個人創作かグループ創作か，などを子どもと相談し，場を意識した連続技づくりを進めたい。

3. まとめと評価

　学習のまとめは相互評価から自己評価へとつなげたい。発表会も，それがはじめにありきではなく，発表会のあり方を理解させ，自分たちが望む学習のまとめの場にする。また学習全体を通した自分の取り組みを学習の記録などから振り返らせることが重要である。発表会を開く場合，単に演技の上手さを視点にするだけでなく，観点を定めて，連続技づくりの工夫や苦労した点についても取り上げたい。

Ⅱ　マット運動の内容と指導のポイント

マットあそびのいろいろ

1　動物の模倣あそび

(1) イヌになって

①歩く
　ゆっくり歩く。速く歩く。

手のひらを平らに
つく習慣をつける

②走る
　両手両足を同時に動かして走る。

★高くとばずに
　すばやく走る

(2) ゾウになって

①大きく歩く
　のっし、のっしと大きい動作でゆっくり歩く。

1)

2)

②手足を同時に動かして歩く

　左手左足、右手右足と同じ側の手足を同時に動かして歩く。

　左手右足、右手左足と異なる側の手足を同時に動かして歩く。

(3) ウサギとび

①手のつきを強める

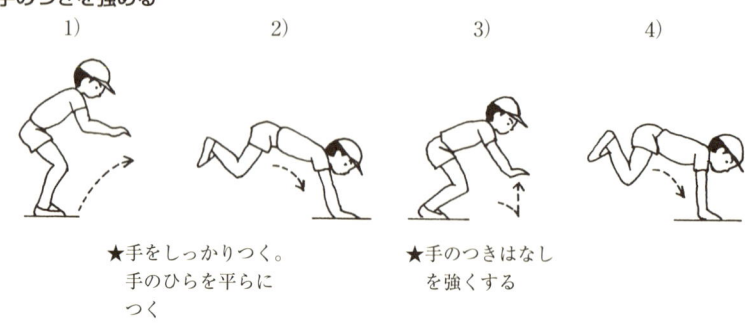

1)　　　　　2)　　　　　3)　　　　　4)

★手をしっかりつく。手のひらを平らにつく　　★手のつきはなしを強くする

②足のひきつけを強める

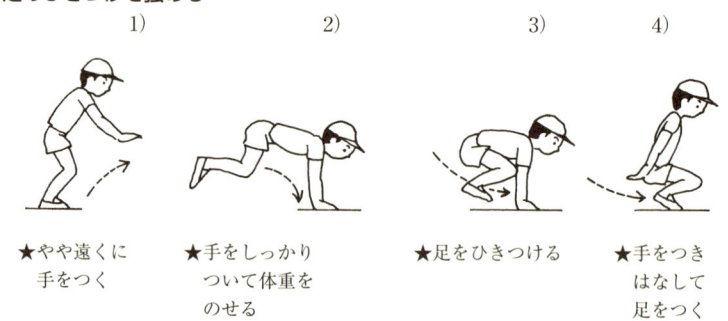

1)　　　　　2)　　　　　3)　　　　　4)

★やや遠くに手をつく　　★手をしっかりついて体重をのせる　　★足をひきつける　　★手をつきはなして足をつく

③足のつく位置を前にする

床の上に線を引き，その上に手をついて足のつく位置を見る。

1) 手をついた線のすぐ近くに足をひきつける　　2) 線をこえて足がつく　　3) 線の上に足がつくようにする

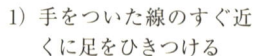 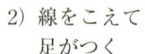

(4) アザラシ

足をひきずるようにして手で歩く。

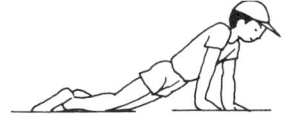

★足首は伸ばしている。下半身の力をぬいて手だけで前進する

(5) 尺取り虫

尺取り虫が歩くように，体を伸ばしたりまげたりして前進する。

1) 体がまがっている状態から前進する。ひざはできるだけ伸ばし腰を高くする
2) 手で2，3歩前進する。足はそのままで徐々に体を伸ばす
3) 体を完全に伸ばし，腰の力をぬく。次に腰を一気に上にひき上げる
4) 腰をひき上げ，両足をそろえて一気に前にひきつける

腰の反動でひき上げる

(6) ウサギの足打ち

その場でウサギとびをし，空中で2，3回足を打つ。何回打てるか数えてみるのもよい。

2，3回足を打つ

(7) ウサギの横とび

両手両足を同時に動かし，横にとぶようにして移動する。

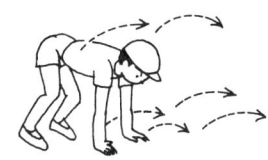

2 円盤まわり

(1) 両手をついた「川とび」

マットの外からマットの外へ，両手をついて移動する。

1) やや横向きの姿勢から，マットに両手をつく
2) 手のひらを平らにつき，足をはねてマットの反対側の外に移動する
3) マットの外に出て，着地する

(2) とび箱を使った「川とび」

マットのかわりにとび箱を使って，上と同様の川とびをする。

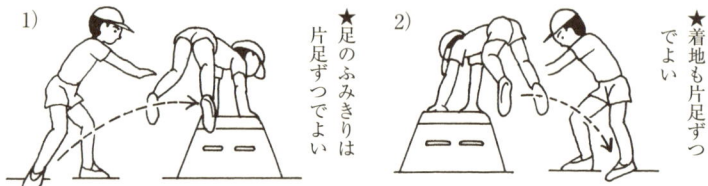

1) ★足のふみきりは片足ずつでよい
2) ★着地も片足ずつでよい

(3) 川とびの往復

同じ方向で横向きの姿勢から川とびを往復すると，初めにつく手とふみきり足を左右両方使うことになる。両方に慣れさせるとよい。

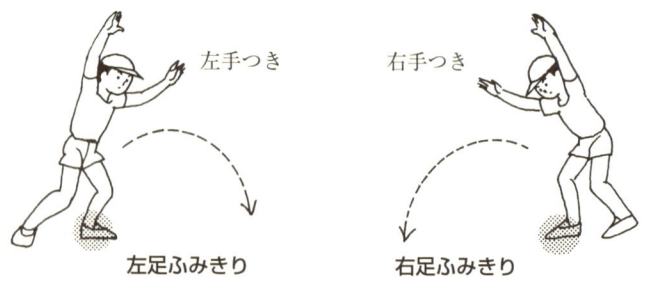

左手つき　左足ふみきり　　右手つき　右足ふみきり

(4) 円盤まわり

　大きな円の円周上に立ち，中心の方を向く。この円周上に手をつき，川とびと同じ要領で体を移動させる。着地も順番に円周上につく。

1) 円の中心に向く
2) 円周上に両手をつく
3) 川とびと同じように移動する
4) 円周上に足をつく
5) 円の中心に向く
6) 同じ移動をくりかえす

(5) やや体を伸ばした円盤まわり

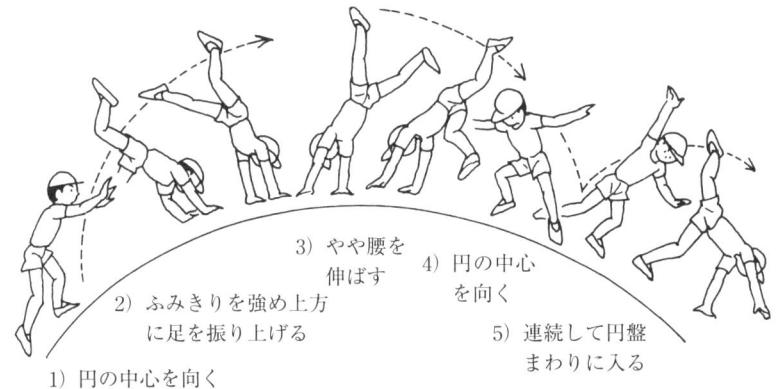

1) 円の中心を向く
2) ふみきりを強め上方に足を振り上げる
3) やや腰を伸ばす
4) 円の中心を向く
5) 連続して円盤まわりに入る

(6) 直線上の円盤まわり

　マットの上をまっすぐに円盤まわりで移動する。無理のない程度に腰を伸ばしてまわる。

1)　　　2)　　　3)　　　4)

3 横ころがり

(1) えんぴつまわり

体を伸ばして横にまわる。

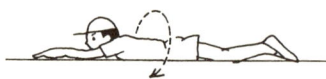

(2) 体を反らせてまわる

手と足をマットにつけないように，反らせてまわる。

(3) ボールをもってまわる

ボールを常にもち上げてまわる。

(4) 体をちぢめてまわる

ちぢめたままでまわる。

(5) 伸ばしたりちぢめたりしてまわる

体が上にきたら手足をちぢめる。

(6) 2人組でまわる

①手をつないでまわる

②足をもってまわる

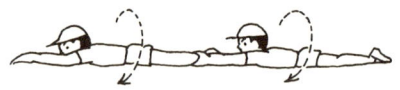

(7) 2人組まわりの工夫

①上向きと下向きになって

③2人が重なって

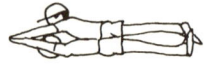

④互いに足首をもって

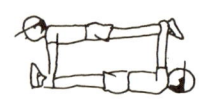

★上にきたらもち上げる

②足をもった上向きと下向き

2 単一種目とその指導

1 側 転

(1) 側転の方法

1) ひざをかかえて体を小さくする
2) 側方に回転する
3) 腕から肩をつく
4) 回転中も体をまるめる

5) 回転を持続させる
6) 起き上がる準備
7) 回転を持続させる
8) ひざをかかえる

(2) 側転の練習

① 体をできるだけ小さくし，回転に入るときは首を中に入れる

★ある程度のスピードは必要

② 起き上がるまでの回転力の持続

★起き上がる前に回転のはずみが必要

★2回，3回と連続して回転してみる

★1回回転し，また逆方向に回転して戻ってみる
★側転から前転や後転につなげてみる

② 前転

(1) 前転の方法

1) 手は肩幅に開く。手のひらを開き，平らにつく

2) 両足で軽くはねてころがる

★頭を中に入れ，ひざと胸がつくぐらいに体をまるめる

3) ひざをそろえて初めの姿勢で立つ

①手のつき方

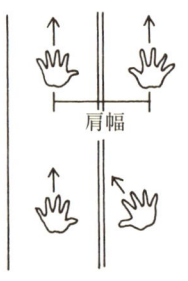

中心線　肩幅

★両腕に体重がかかるのでまっすぐまわる

★手のつきがまがっていると回転もまがる

★ひじをわきにつけるようにするとなおる

②体を小さくまるめる

うまく起き上がれない子は，ひざをかかえて起きてもよい。

(2) 前転の練習

①ゆりかご

ゆりかごのようにコロコロと行ったり戻ったりする。

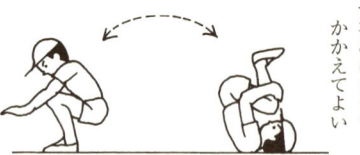

★初めはひざをかかえてよい

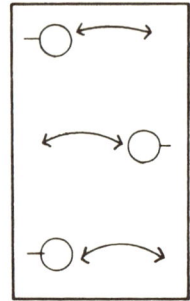

〈マットの使い方〉

★横にならんで使うとよい
★一度にたくさん練習ができる

❖ 遅れた子どもの指導 ❖

腰を高くしてからまわる。

a) とび箱を使ってみる　　　b) 自分の腰を高く上げて頭を
　　　　　　　　　　　　　　両手の間に深く入れてから
　　　　　　　　　　　　　　まわる

★とび箱を軽く　　体を十分にまる　　ひじが横に倒れ
けってまわる　　めてまわる　　　ないように注意
　　　　　　　　　　　　　　　をする

❖ すすんだ子どもの指導 ❖

連続して前転する。

前転は一定の速度でまわる。前まわりの後半でひざや体が伸びないようによくまるめていく。

1)　　　　　　　　2)　　　　　　　　3)

よくまるめる　　　★2回目からは，1回目の
　　　　　　　　　スピードにのっているので，やや遠くに手をつく

②いろいろな前転

a) 手のつく位置を少しず　b) 片足ふみきり，　　c) 手をつかない前転。
　　つ遠くにずらして前転　　　片足着地の前転　　　かかしのように両
　　　　　　　　　　　　　　　　　　　　　　　　手は横に伸ばす

★ふみきりを少しずつ　★腰を高く上げ，体重　★頭を中に入れてから
　強くしていく　　　　を腕に移してから強　　まわる
　　　　　　　　　　　くふみきる

3 後転

(1) 後転の方法

1) 両手を上向きにし，耳の後ろにおく はずみをつけてまわる
2) 手のひらをしっかりマットにつける ひざと胸がはなれないようによくまるめる
3) 手で体をおし上げる このとき，ひざが伸びないようにする

頭をできるだけ中に入れる

ひじが倒れないように

足のそこをしっかりマットにつける

① 手のつき方

★手首をしっかりまげる

② 起き上がるときに手でおし上げることを意識させる

補助者の手をおし上げる。

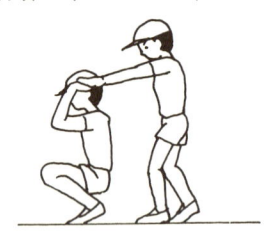

③ 腕の支持

両腕に均等に力が入らないと横にまがる。

手型を置いてみる。

正しくついていない

〈ひじが横に倒れないように〉

〈良い例〉 〈悪い例〉

ひじが体側からはなれている

(2) 後転の練習

①ゆりかご

背中をよくまるめ，頭をできるだけ中に入れてころがる。

体を小さくまるめ，背中をついて前後に大きくゆらす。

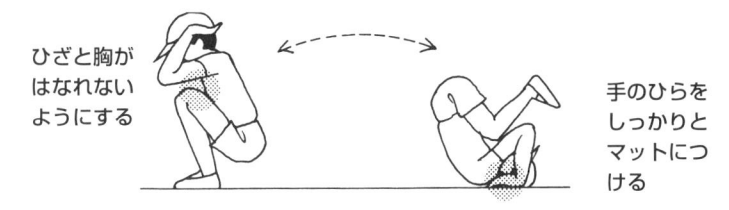

ひざと胸がはなれないようにする

手のひらをしっかりとマットにつける

②傾斜を利用する

ふみきり板やマットの上に腰かけた姿勢から，体をまるめて，そのまま後ろにまわる。

a) ふみきり板を利用

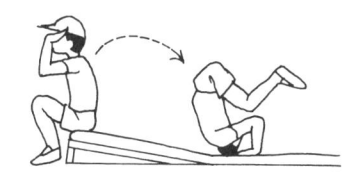

b) マットをたたんで，手のひらの方向を確かめてからまわる

手のひらは上向きに

③後転の補助

片手は背中を軽くおす。もう一方の片手は運動者の手をにぎって押さえる。ひじが倒れる場合はひじを押さえる。

★補助が1人の場合は，ひじが倒れる側で補助するとよい

4 とび前転

(1) とび前転の方法

前転をやや高く大きく入って回転する。腕の支え方が弱いと頭や背中を打つことがあるので，手をしっかりつき，体をよくまるめる。

1) 手をつく少し前に足で強くけり，前転をする
2) 手をついた瞬間に頭を入れ，体をまるめる
3) ひざをまげ，小さく回転して起きる

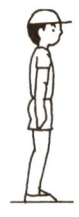

①手のつき方　支え方

手をついた瞬間に頭を入れる。手の支え方が弱かったり遅れたりすると，頭を打つ危険がある。

手に力を入れ，一瞬，体重を支える

②起き方

背中がマットについたらすぐにひざをまげ，まるくなる。

(2) とび前転の練習

①とび箱の上から

低いとび箱から手をついておりるようにして前転する。

②とび箱をこえる

とび箱で恐怖感のある場合は，その上にマットをしいてもよい。

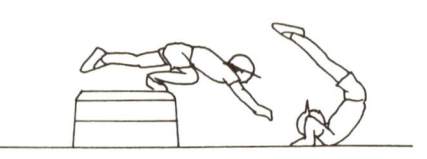

❖ できない子どもの指導 ❖

a) ウサギとびをして、体重を支える練習

1) 両足をそろえてふみきる
2) 手を平らに置き、体重を両腕にかける

★腰を肩の高さより上げる

b) とび箱の高さを利用して、腰を上げる練習

腰はとび箱ですでに上がっているので、腕を伸ばし、体重を支えてから前転に入る。

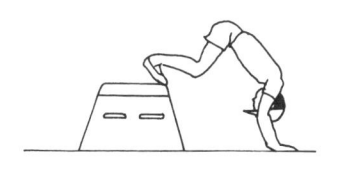

★とび箱をおしながら、ひざを伸ばして静かにまわる

❖ すすんだ子どもの指導 ❖

a) 助走をつけて、とび箱をとびこす

★2，3歩助走して、両足でふみきる

★まわる直前までマットを見ている
★空中にいるときは、ひざやひじを伸ばす

b) ウマになっている2人をとびこしてまわる

空中にいるときはひざやひじを伸ばす。空中での時間が長い方がきれいに見える。

★強くふみきる

★手をついたらすぐに体をまるめてまわる

5 開脚前転

(1) 開脚前転の方法

　大きく開脚してひざを伸ばすことは，初めのうちはかなり苦痛に感じる子もいる。しかし，いいかげんにさせないで，きちんとひざを伸ばし，きれいな開脚前転になるように初めから練習する。

1) 前転のときと同じように，手を肩幅に平らにつく

2) ひざや腰を伸ばすようにしながら，ゆっくり，バランスを考えて前転をする

3) 体を手首でしっかり支え，ゆっくりまわる。ひざを伸ばす。つま先ものばすと，きれいに見える

腰をやや伸ばす

4) 両足をそろえて回転し，両足が床につく少し前に左右に大きく開く

5) 肩をぐっと前につき出す。手のひらを両足の間につき，マットをおさえるようにして起き上がる

6) 開脚立ちをしたら腰を伸ばし，胸をはって両手をきれいに横に上げる

ひじやひざもきれいに伸ばす

足先に力を入れ，床をおさえるようにする

両足は床につく少し前に開く

ひざをしっかり伸ばす

(2) 開脚前転の練習

①ゆりかごで起き上がりのタイミングをつかむ練習

1) 体が起き上がってきたときに両足のひざをよく伸ばし，そろえておく。起き上がるのにマットを重ねるとやりやすい（下段③-b) 参照）

2) 絶対にひざをまげないことを頭に入れて起き上がる
両足がマットにつく少し前に左右に大きく開く
★ハイ，と声をかけて，タイミングをつかませるとよい

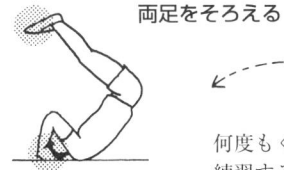

両足をそろえる

手は耳の後ろにしっかりつける

何度もくりかえし練習する

肩を前に出す
ひざを伸ばす

足先に力を入れ床をおさえるようにする

②起き上がりの練習

〈マットを2枚重ねて練習する〉腰の位置が高くなり立ちやすい。

胸をはり，両手をひろげる

おへそを前におし出すように腰を伸ばす

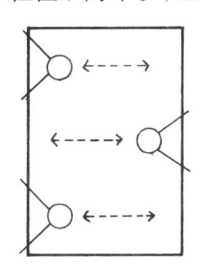

★マットの横を使い，たがいちがいに向かって練習すると，一度に多くの人が練習できる

③用具を活用した練習

a) ふみきり板を利用して傾斜をつける

b) マットを重ねて行う
★つま先を外に向け，できるだけ脚を大きく開く

❖ 遅れた子どもの指導 ❖

　開脚前転がうまくできない子どもの場合は，股関節が固いこと，前転がなめらかにまわっていないこと，起き上がるときの手のつきのタイミングが悪いことなどをあげることができる。

　この子どもたちの練習としては，これまで述べてきた練習方法で基本的なものに戻ってくりかえし練習するようにする。

1）ゆりかご　　2）前転　　3）前転連続　　4）開脚の股関節の柔軟性
5）ゆりかごからの開脚立ち　　6）マットを重ねて開脚立ちの練習
7）マットを重ねた開脚前転の練習

　股関節の固い子どもは，次のページに示す補強運動などをして，柔軟性を養っていくことも必要である。

❖ すすんだ子どもの指導 ❖

a）開脚前転の連続

立ったら胸をはってポーズをとる　　上では足を閉じる

手をついて立つ　　手を前に正しくつく　　腰をやや伸ばしてゆっくり回転する

b）手をつかないで立つ開脚前転

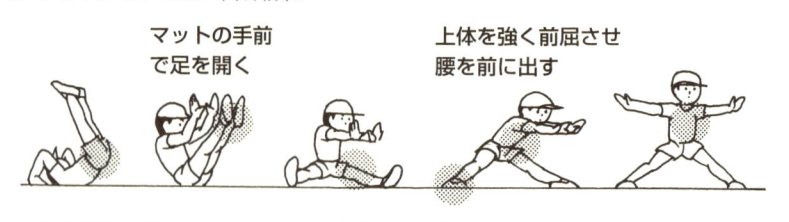

マットの手前で足を開く　　上体を強く前屈させ腰を前に出す

腰を伸ばしてゆっくりまわる　　ひざを伸ばす　　足先で床をおさえる　　大きく開脚する　　立ったら胸をはる

(3) 開脚前転の補強運動

①股関節を開く補強運動

a) 1人で練習する補強運動

★片足ずつ前後左右に
　十分屈伸し，股関節
　を柔らかくする
★ひじを伸ばす

★開脚して前屈する
★脚を大きく開く

★開脚し，体を強く
　前屈したまま手を
　ついて，腰をもち
　上げる
★ひざ，ひじを伸ば
　す

b) 2人で練習する補強運動

　脚をとじて前屈する。補助者は腋の下から相手のひざをおさえながら体をおす。

　股関節を開いて前屈する。頭がついたら，顔を上げ，あご，胸とつけていく。

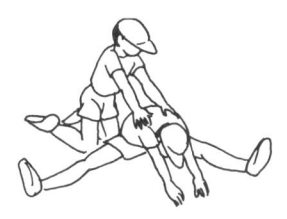

★初めから強くおさず，だんだん強くおしていく

ひざをおさえる

②起き上がるときの補強運動

　脚は開いたまま，腰を上げる。起き上がるときに両手をひっぱる。

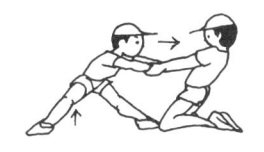

　前屈や股関節を開く柔軟体操は，なれないうちは苦痛に感じるが，器械運動には必要なことであるから，マット運動のときだけでなく，普段の準備体操にも取り入れて練習するとよい。

6 開脚後転

(1) 開脚後転の方法

　開脚後転は，後転の手のつき方がしっかりできていれば，開脚してひざを伸ばすことはさほどむずかしくない。

1) 立った状態から後転に入る
（これがこわい場合は，座った状態から始めてもよい）

2) 両手で体重を支える

3) ひざ，つま先などをよく伸ばす

上体を屈伸させる

4) 足が真上を通過してから大きく開く

5) 足のつく場所は肩の近くにつくとよい

6) 手で強くつきはなして起き上がる。胸をはり，腰を伸ばして立つ

〈良い例〉　〈悪い例〉

足を遠くにつかないように

(2) 開脚後転の練習

①ゆりかごを十分に練習する。

　ゆりかごを徐々に大きくしていく。なれてきたら，初めからひざを伸ばしたままでする。①～④へとくりかえし練習する。

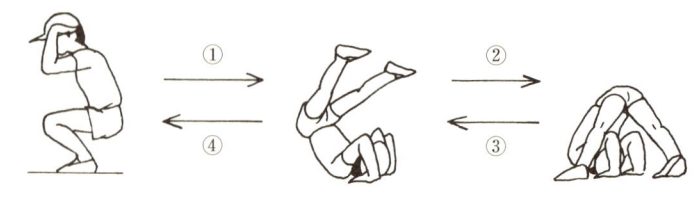

❖ 遅れた子どもの指導 ❖

手のつき方を十分に練習する。グループなどで手のつき方を教え合うとよい。

〈ふみきり板の下にマットをしく〉　　〈補助のしかた〉

〈良い例〉　〈悪い例〉

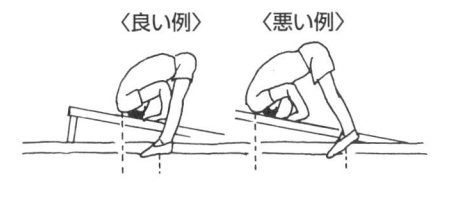

★足と肩の間が遠くならないように足を肩の線に近づける

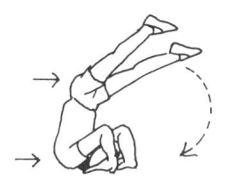

★腰を矢印の方に軽くおす
　起きるとき肩を支える

❖ すすんだ子どもの指導 ❖

開脚後転の連続は1回目の開脚後転のあと，開脚立ちをせずにすぐ次の動作に移る。重心を低くし，ひざが胸からはなれないように，腰をおとして次の回転に入る。

1) 1回目で起きる
2) 上体をまげたまま2回目に入る
3) 脚は一度閉じてから開く

② 補強運動のいろいろ

a) 開脚前屈を柔軟にする 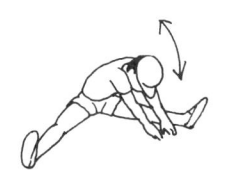
b) 開いたり閉じたりする

★ひざをしっかり伸ばして，きれいに脚を開く
★手のひらをしっかりつける

7 伸膝前転，伸膝後転

(1) 伸膝前転

1) 速度をつけて前転に入る
2) 回転速度を速めてまわる
   ★ひざ，つま先を伸ばす
3) 足先がマットにつくと同時に体を強く前屈させ，手でマットをおす
4) 体の前屈を強めて体が起きるまで手をおす

(2) 伸膝後転

1) 腰をひいて，腕で体重を支える
2) 回転速度を速める
   両腕でしっかり体を支える
   腰をできるだけまげ，足は頭に近いところにつく
3) 足がマットについたら，マットをおしはなして起き上がる

(3) とび箱を利用した伸膝前転の練習

　伸膝前転は，起き上がるときの手のつきはなしのタイミングがむずかしい。とび箱など，高さを利用して練習するとよい。

腰を伸ばして前転する

上体を前屈させる

8 側方倒立回転

(1) 側方倒立回転の方法

片手ずつ，片足ずつリズミカルについていくことを強調して練習する。

1) ひざをまげ，真横に手をつく
2) 足をけって体重をのせ，足を振り上げる

　　目の位置

　　ひざを伸ばす
　　首を起こす

3) もう一方の手をつき，倒立の姿勢になる
4) 初めについた手をつきはなす
5) 足がついたら体重をのせ，もう一方の手をつきはなす

　　首を起こす
　　ひざを柔らかくまげる

❖ 首の起こし方，目の位置 ❖

首の起こし方は回転系の基礎になるので，しっかり身につける。

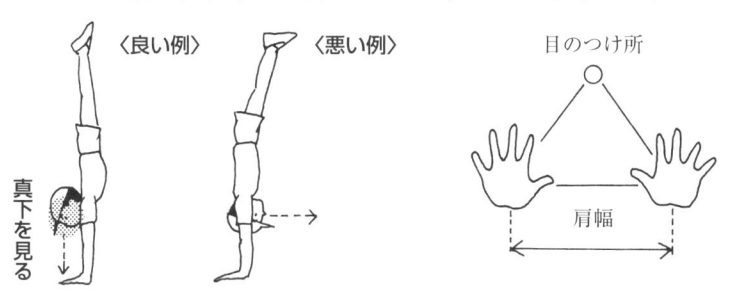

〈良い例〉　〈悪い例〉　目のつけ所

真下を見る

肩幅

(2) 側方倒立回転の練習（その1　円盤まわり）

腕立てで体を移動させる練習である。腰や足が伸びなくても，手や足のつき方がわかるための練習方法である。

①ウサギの川とびこし

マットの間を川とし，マットからマットへ移動する。

なれてきたらマットの間をはなしていく。腰を高く上げてとぶ。

顔を起こす

★両足を同時におろす

②マットの川とび

マットの脇から脇へ手をついてとびこえる。初めは低くしても，だんだん腰を上げていく。

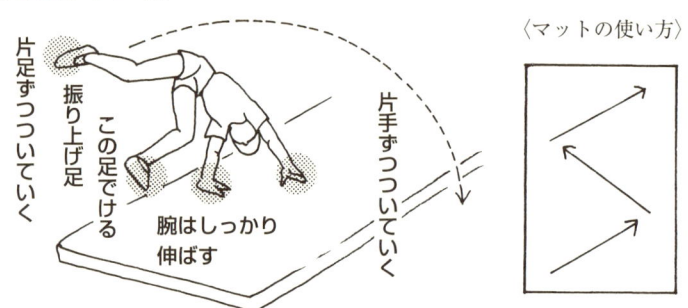

片足ずつついていく
振り上げ足
この足でける
腕はしっかり伸ばす
片手ずつついていく

〈マットの使い方〉

③円周上の円盤まわり

半径2m位の大きな円をかき，その上に手や足がつくようにまわる。

円の内側を見てまわる（体の方向の練習）

1) 円周上に立ち，中心を向く
2) 左右，やりやすい方の手をつく
3) 手—手—足—足と順につく
4) 立ったときには，円周上で中心を向いているように立つ

④円盤まわりのゴムとび

円盤まわりをしながらゴムとびをする。

ゴムの高さを調節して両足がこせるようにする。徐々に高くしていくのもよい

★ゴムのすぐ手前に手をつく

(3) 側方倒立回転の練習（その2　体を伸ばす練習）

体の方向や手足の順がわかったら，腰や足を伸ばし，きれいな側方回転になるように練習する。

①腰を伸ばす練習

★初めはひざをまげてもよい
ゴムひも
腕を伸ばす

1) ゴムひもの手前に手をつき，腰を上げてゴムをとびこえる
2) ひざぐらいからだんだん高く，頭ぐらいまで上げる
3) なれてきたら，片手，片足ずつついてとびこす

②足を伸ばす練習

ひざ，つま先も伸ばす

ゴムひも

1) ゴムひもの手前に手をつき，腰を上げてゴムをとびこえる
2) 側方倒立回転の方法で片足ずつ足を振り上げる

(4) 側方倒立回転の練習（その3　まっすぐに回転していく練習）

①手型，足型を利用して，きれいな側方倒立回転をめざして練習する

〈準備するもの〉手型（左右1組）足型（左右2組）をグループで1組
厚紙に手や足を置いて型をとり，切り抜いたもの。

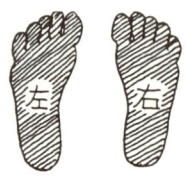

ふみきり足を見るため
どちらかを使用する

左右を明示しておくとよい

マットの真ん中に線をひく
グループで協力して，手型，
足型を正確におく

②手型，足型の見方

側方回転がうまくできない子どもは，次のように分けられる。

　㋐手や足のつき方がわからない。
　㋑腰が上がらないで，川とびのようになってしまう。
　㋒後ろに反りすぎて，尻もちをついてしまう。
　㋓両足が同時に着地してしまう。

子どもたちは「ひざがまがってしまう」「腰が上がらない」「尻もちをついちゃう」と，自分のフォームについてはなんとなくわかっているが，逆さになっているときの姿勢はどうなっているのかということについては，よくわからない。その点を意識化するために，手型，足型の使用は大変有効なようである。

失敗例の多くは，側方倒立回転に入るときの姿勢で決まる。まずは，手型，足型から問題点を見つけ，練習法を決めて取り組むと，効果的な練習ができる。

次に，側方倒立回転がうまくできている子どもの手型，足型と，側方倒立回転のうまくできない子どもの手型，足型を比較してみると，およそ，次のようになる。

❖ 側方回転がスムーズに美しくできている手型，足型 ❖

ふみきり足を進行方向に向ける　　手――手――足――足が直線の上にのる　　点線のように進行方向へ向けると，次の技へつなぎやすい

❖ ⑦のように腰が上がらないで，川とびのようになってしまう型 ❖

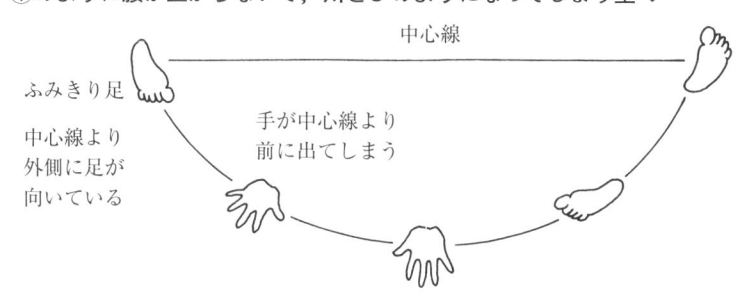

ふみきり足　中心線より外側に足が向いている　　手が中心線より前に出てしまう

上の絵は，側方倒立回転がうまくできない子どものいちばん多い手型，足型例である。

逆さになることがこわいので，腰をかがめ，体の前に手をついてしまう。足も外側を向いている。

練習方法としては，ゴムなどを使って腰や足を伸ばす練習をすればよいが，そのときに，ふみきり足の足型，手型の3枚を正しいフォームの位置に置いてみる。ふみきるときにその型のとおりに足や手を置くことを意識して，思いきりふみきる練習をする。

グループごとに「ふみきり足をまっすぐ」「強くけって」などと互いに問題点を見つけ，練習方法を工夫させるとよい。

❖ ㋒のように後ろに反りすぎて，尻もちをついてしまう型 ❖

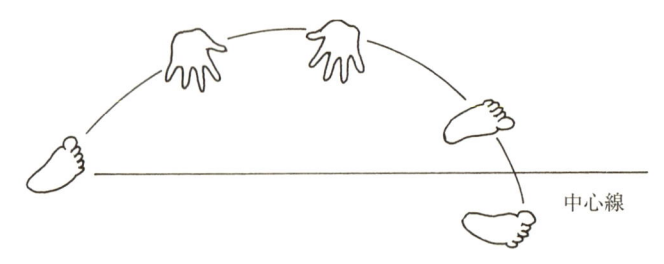

中心線

㋑とは反対のカーブをえがき，ふみきり足も内側に向いている。

この場合は，首の起こし方に問題があり，逆さになったとたんに首が動いてしまう。

練習方法としては，やはり，正しいフォームの手型，足型を置いて練習する。初めにつく指の先にリボンや印をつけて見えるようにしておくと視線が定まる。また，円の外側を向いてまわる円盤まわりも効果的である。

❖ ㋓のように，両足同時に着地してしまう型 ❖

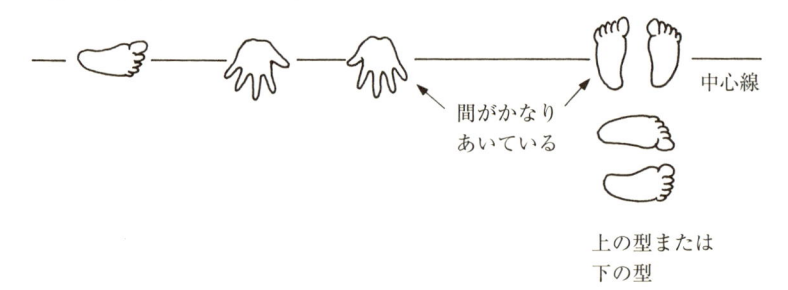

中心線

間がかなり
あいている

上の型または
下の型

㋓は手型，足型が直線上にのっているが，腕がまがり，腰が上がったとたんにひざもまがり，両足同時にバタンと落ちてしまう。

練習方法としては，ゴムひもを使って足を思いきり伸ばし，片足ずつおろしていく練習をするとよい。

以上，手足のつき方については，3つの代表的なつまずきをあげたが，手型，足型を利用したからすぐにきれいな側方倒立回転ができるわけではない。また，腰や足がまがった子どもが，すぐにまっすぐに伸びるわけでもない。

　手型，足型を利用して，自分のどこに問題があるのか意識したり，まがる方の足を伸ばすように工夫する視点を明確にして練習することが大切である。

③側方倒立回転の指導の順序

　これまで述べてきた側方倒立回転の指導の順序をまとめてみると，次のようになる。

　　ア　逆さ感覚になれる練習
　　　　両腕で体重を支えながら重心を移動し，頭が腰の位置より高い状態になれる（動物歩きなど）
　　イ　重心の移動の変化になれる練習
　　　　側方倒立回転での体の向きと体の移動を習得するための練習
　　　　（マットの川とび　ウサギの川とびこしなど）
　　ウ　手，足のつき方の練習
　　　　手や足のつき方，順番がわかるための練習
　　　　（円盤まわりなど）
　　エ　腰や足を上げる練習
　　　　（ゴムひも，鈴つきゴムひもを使った練習など）
　　オ　きれいな側方倒立回転をめざしての練習
　　　　手型，足型を利用して，自分の問題点を見つけ，解決するための練習をする
　　　　（手型，足型など）

側方倒立回転
の練習

ホップ側方倒立
回転の練習

9 ホップ側方倒立回転と側方倒立回転のひねり

(1) ホップ側方倒立回転

　ホップ側方倒立回転は，助走，ふみきりのためのホップ，側方倒立回転と3つの部分に分けて考える。完全なホップ側方倒立回転を要求せずに，側方倒立回転がまだ自分のものになっていない子どもでも，軽い助走からふみきりを使ってできるだけリラックスした状態で練習させるとよい。

①ホップ側方倒立回転の練習

　a）助走

　助走は長くとらず，1～2歩からはじめるとよい。

　b）ホップ

　　★腕を振り上げてジャンプする
　　振り上げ足
　　振り上げ足が次のふみきり足になる
　　★ふみきり足の方向
　　★足を振り上げ，体を浮かせる
　　★初めから上体をひねらない

　c）側方倒立回転

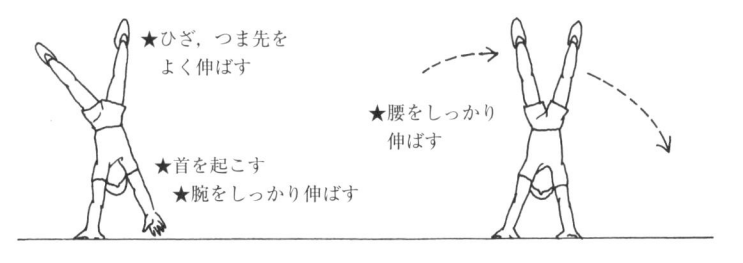

　　★ひざ，つま先をよく伸ばす
　　★首を起こす
　　★腕をしっかり伸ばす
　　★腰をしっかり伸ばす

　ホップのタイミングをなかなかのみこめない子どもには，手や足のつき方を教えるのでなく，全体的に動きをリズムとして練習させるとよい。友達の動きを見たり，スキップをしたりして，手をつくことはあとまわしにしてよい。ホップだけを練習する。

(2) 側方倒立回転後ろひねり（ホップ側方倒立回転後ろひねり）

　後ろひねりは，側方倒立回転が完全にできない段階から練習を始めてよい。初めは，足をおろすときに進行方向に背を向けた姿勢になることを意識して練習する。

①側方回転後ろひねりの練習

❖ 練習のポイント ❖

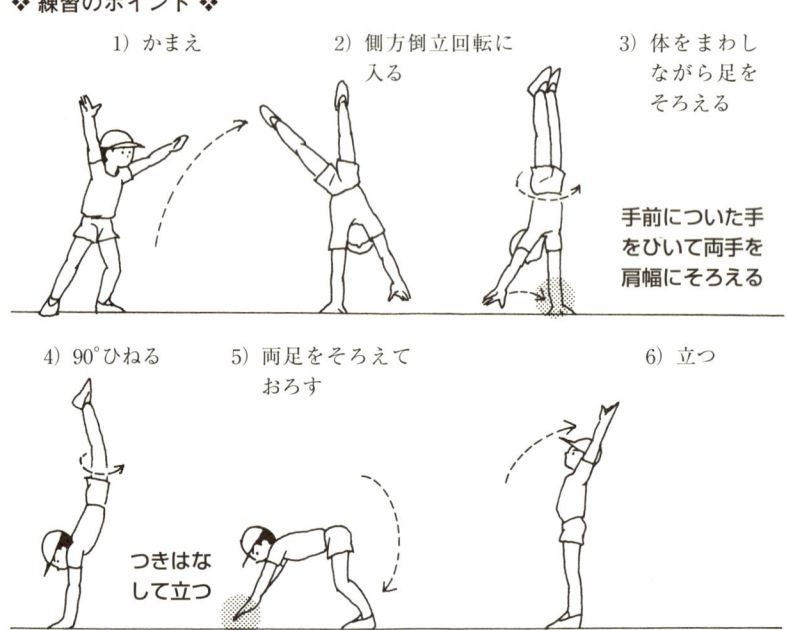

1) かまえ
2) 側方倒立回転に入る
3) 体をまわしながら足をそろえる

手前についた手をひいて両手を肩幅にそろえる

4) 90°ひねる
5) 両足をそろえておろす
6) 立つ

つきはなして立つ

❖ 部分的な練習 ❖

a) 両足着地をする「足打ち側方倒立回転」
★ すぐに追いかけて足を打つ
★ 足を合わせることを意識させる

b) 着地の方向を意識する
★「こっち向いて」と声をかけて手拍子を打つ
90°のひねり

②ホップ側方倒立回転後ろひねりの練習

　側方倒立回転ひねりができるようになったら，ホップと組み合わせてホップ側方倒立回転後ろひねりをする。ふみきりでの軽いジャンプの腕のつきはなしによって，体の浮きをうみだすようになるとよい。

❖ 練習のポイント ❖

1) 手の振り上げ　　2)　　　　　　　3) 側方倒立回転に入る

★上にとび上がるとき体も伸ばす

振り上げ足

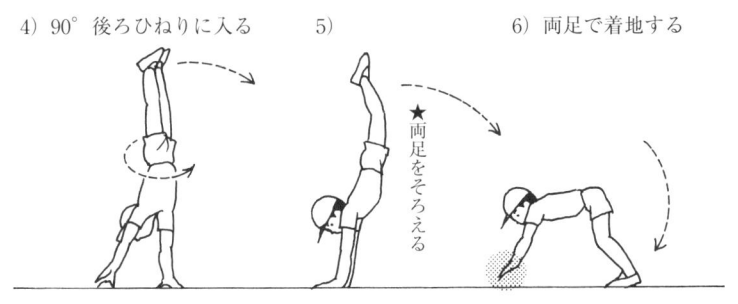

4) 90°後ろひねりに入る　5)　　　　6) 両足で着地する

★両足をそろえる

手をつきはなす

❖ すすんだ子どもの指導 ❖

　うまくなってきたら，ホップの強さ，側方倒立回転のスピードなどを工夫して，きれいなホップ側方倒立回転後ろひねりができるよう練習する。このとき，両足のそろえを早目にするようにしたい。

　今までに習得した技と組み合わせて練習する。

　〈例〉ホップ側方倒立回転後ろひねり ── 後転 ── 開脚後転

(3) 側方倒立回転前ひねり（ホップ側方回転前ひねり）

ホップ側方倒立回転から徐々に前向きに着地するようにする。倒立の形から，体の反りや腰の伸ばしなどを意識して練習するとよい。

①側方倒立回転前ひねりの練習

❖ 練習のポイント ❖

1）側方倒立回転に入る
2）両足を強く振り上げる
3）両足をそろえながら前方へ90°ひねる
4）胸と腰を思いきり反らす
　腰の反りを強める
　手をつきはなす　★両足同時に着地
5）両手をつきはなして立つ
　★進行方向がわかるように手拍子を打つとよい

❖ 部分的な練習 ❖

a) 体の反りや腰の伸ばしの練習

あお向けの形からのブリッジで，体の反りや腰の伸ばしを意識する。

1）あお向けになる
2）できるだけ反っていく
　腕をしっかり伸ばす
　足をしっかりつく

②ホップ側方倒立回転前ひねりの練習

　側方倒立回転前ひねりができるようになったら，ホップと組み合わせてホップ側方倒立回転前ひねりを練習する。このときの体の反りや腰の伸ばしは，ネックスプリングやヘッドスプリングなどと共通しているので，同時に練習していくとよい。

❖ 練習のポイント ❖

1) 上体を伸ばしてとび上がる
2) 側方回転に入る
この足の振り上げを強める
3) 前方に体を向け，両足をそろえる
4) 腰を反らせて立つ手をつきはなす
5) ひざを柔らかくまげて立つ

❖ すすんだ子どもの指導 ❖

　ひねり方がわかってきたら，強く体を反らせるように練習し，腰を伸ばしたまま立てるようにする。

　1つの技だけの練習でなく，今までに習得した技と組み合わせて練習する。

　〈例〉ホップ側方倒立回転の勢いを利用して

　ホップ側方倒立回転前ひねり ── とびこみ前転 ── ジャンプ

10 首はね起き（ネックスプリング）

（1）首はね起きの方法

1) 前転に入るように

2) 首をつけたところで
   足を伸ばしておく

3) 足を振り出す

4) 腰を伸ばす
   強く伸ばす

5) 胸を反らし腕をおし出す

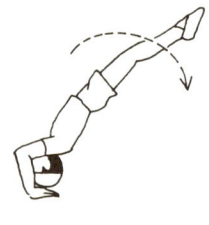

6) 体全体を反らし腕をおしはなす
   強く反らす

7) 体を反らして着地腕は最後までつきはなす
   腕のつきはなし

8) ひざはまげても腰は早くまげない
   ★全体の反りを意識する

9) 着地と同時に上体を起こす
   上体の起こし

(2) 首はね起きの練習

①台上からの練習（体育館の舞台などを利用）

足の振り出しから胸を反らす動きの練習。台上からの落差を利用。

1) たおれる　2) 足の振り出し　3) 胸の反らし　4) 軽く手でつきはなす　5) 両足から着地

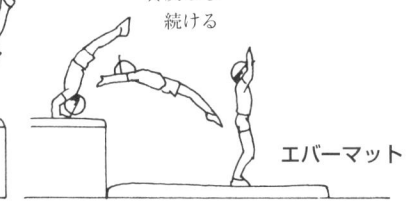

腰がはみだすくらいの所に頭をつく

★反らし続ける

マット舞台　　エバーマット

②とび箱を利用して

初めは2台連結，徐々に手前1台を低くする。

1) 台上へとびのり　2) 後頭部をつける　3) 胸の反らし　4) 体を反らして腕のつきはなし　5) 体を反らして両足着地

足の振り出し

とび箱（2連結）　マット　★手でおし続ける　★反らし続ける

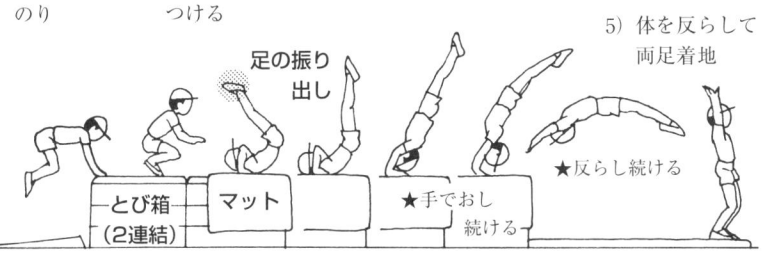

③マットを重ねて

落差が低くなるにつれて，腰の反りを強めることが必要。

1) 用意　2) 足の振り出し　3) 胸の反らし　4) 腕のつきはなし　5) 体を反らして両足着地

★早めに振り出す　★振り出しと同時に手でおす

マット3枚　　マット

（3）首はね起きの練習のポイント

首倒立の姿勢から，けりの方向がわかることと，体の反りの強さを意識して練習するとよい。

①練習のポイント

1) 手のひらをしっかり床につけて，腰を高く上げる。足のはね上げの方向をとらえる

2) 足のはね上げ方と背の反りは同時にすばやく行う

腰からひき上げる

3) 強く体を反らせ腕を伸ばす

★全身の反りを意識する

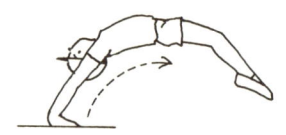

4) 両手で体を思い切りおし上げる。頭はいちばん最後に上げる

②補助法

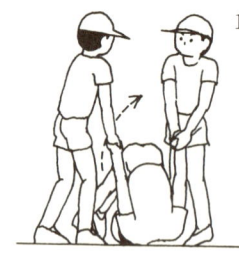

1) 両腕を両側からひき上げ，足のはね上げと腰の反りをとらえさせる

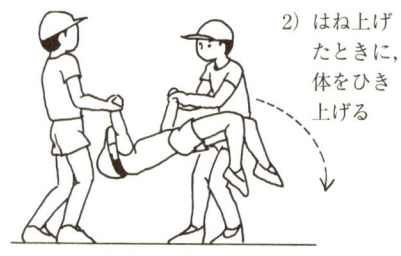

2) はね上げたときに，体をひき上げる

★腰をはね上げる

11 　頭はね起き（ヘッドスプリング）

（1）頭はね起きの方法

1) 両手をしっかりつく

2) 頭をつけ腰を上げる
   - ひたいのはえぎわをつける
   - 軽くける

3) 腰を真上に上げる
   - ひざは伸ばす
   - 腰はまげたまま

4) 腰が真上をすぎたところから回転に入る

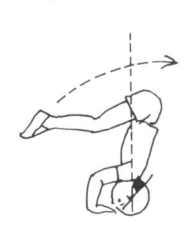

5) 足を強く振り出す

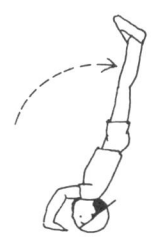

6) 体全体を反らし，腕をおしはなす
   - 強く反らす

7) 体を反らして着地　腕は最後までつきはなす
   - 腕のつきはなし

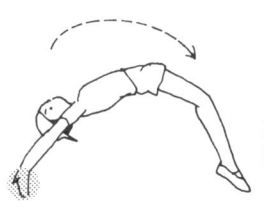

8) ひざはまげても腰は早くまげない
   - 全身を強く反らす

9) 着地と同時に上体を起こす
   - 上体の起こしを強く

(2) 頭はね起きの練習

①とび箱を利用して

足の振り出し，腰・胸の反らしを強調。

初めは2台連結，徐々に手前の台を低くする。

1) 台上への とびのり
2) はえぎわを つける
3) 足の振り出し あふり
4) 腕のつきはなし
5) 着地

★手でおし続ける

とび箱（2連結）　マット　マット

②マットを高くして

落差が低くなると腰の反りを強めることが必要。

両足のはねを強くしていくとよい。

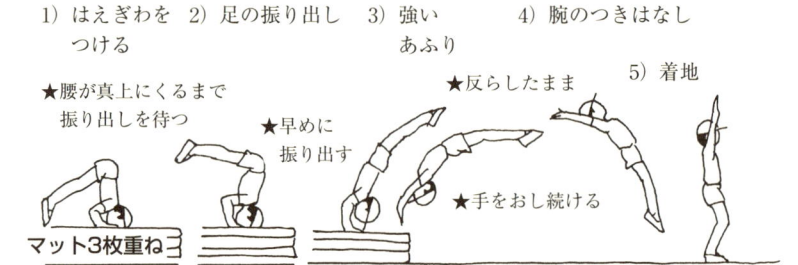

1) はえぎわを つける
2) 足の振り出し
3) 強いあふり
4) 腕のつきはなし
5) 着地

★腰が真上にくるまで振り出しを待つ
★早めに振り出す
★反らしたまま
★手をおし続ける

マット3枚重ね

③とび箱を横にし，助走をつけて

助走は徐々に伸ばし，ふみきりを強く。

とび箱　マット

(3) 頭はね起きの練習のポイント

頭倒立の姿勢から，体を反らすことを意識して練習をするとよい。

①練習のポイント

a）足のはね上げのタイミング

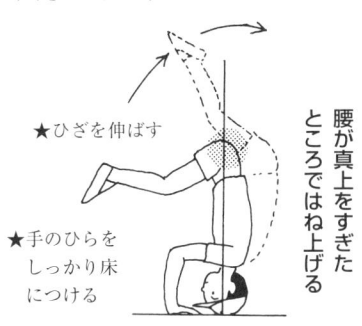

★ひざを伸ばす

★手のひらをしっかり床につける

腰が真上をすぎたところではね上げる

背中を反らせて足をはね上げる
つきはなしは両腕の伸びきるまで強く行う

★頭は最後に上げるつもりで体を反らす

b）助走とふみきりの利用

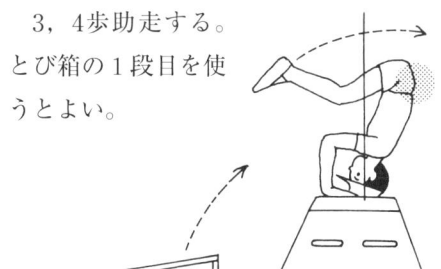

3，4歩助走する。とび箱の1段目を使うとよい。

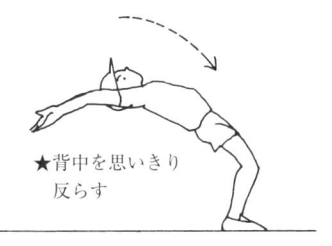

垂直線を少しすぎたところで足のはね上げに入る

★背中を思いきり反らす

②補助法

足をはね上げたとき，肩と背中を軽く支えて体を起こす。1人で無理なときは2人で補助する。

図のようにひざがまがり，おしりがおちてしまうことが多い。ひざを伸ばすことと，お腹をつき出すよう強く指導をする。

初めから腰がまがると立てない

③首はね起きと頭はね起きの相違点

a) 首と頭のつける位置

★首の後ろをつけるので背が丸くなる

★ひたいをつけるので背が伸びている

はえぎわをつける
手はやや手前につく

手は耳の後ろにつく

手のひら分程度

b) 足の位置の確認と振り上げのタイミング

足が見える

★振り上げのタイミングがつかめる

足は見えない

★腰がどこまで上がったのか練習によってタイミングをつかむ

★タイミングがおそいと立てない

★タイミングが早いと回転しない

★首はね起きは，足が見えるので足の振り上げのタイミングはつかみやすいが，背が丸くなっているのでおそくなりがちになる。手のつきはなしのタイミングがつかみにくい

★頭はね起きは足が見えないので足の振り上げのタイミングはつかみにくい。
意外と早くなり，回転力がつかないことがある。
手のつきはなしのタイミングはとりやすいが，回転力とうまく合わせなくてはいけない

12 ● ハンドスプリング（前方倒立回転）

（1）ハンドスプリングの方法

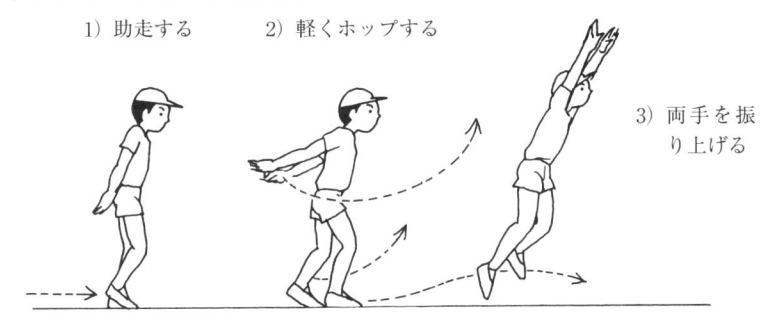

1) 助走する
2) 軽くホップする
3) 両手を振り上げる

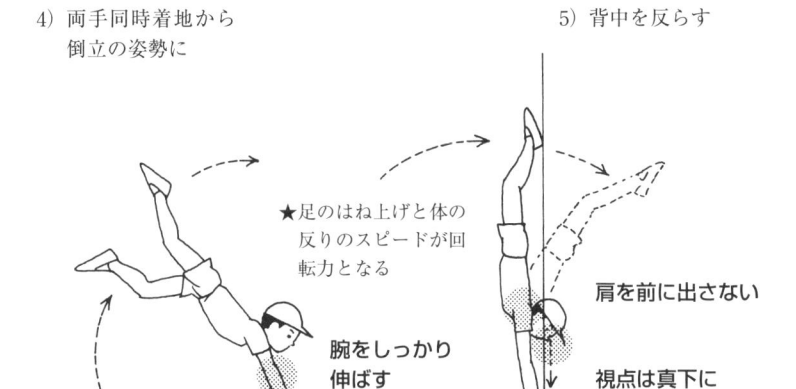

4) 両手同時着地から倒立の姿勢に

★足のはね上げと体の反りのスピードが回転力となる

腕をしっかり伸ばす

5) 背中を反らす

肩を前に出さない

視点は真下に

6) 両足着地。両手でマットをつきはなし体をおし上げる

腰の反りを強く

★両足をしっかり地面につける

(2) ハンドスプリングの部分練習とポイント

　ハンドスプリングを一度で習得するのは，かなり困難と考えられる。そこで，次の4つの技を部分練習してから取り組むと，比較的早くできるようになる。そのとき，グループで協力し，教え合うことが大切である。また，補助者は補助法をしっかり覚えてからやる。途中で手を離したり，ふざけていると危険が伴う。

練習の順序

　a) 倒立でしっかり立てるようにする（補助倒立）

★ひざを伸ばす

腰を伸ばす

★手のひらをしっかり床につける

❖ **練習法** ❖
- 壁に向かって練習する
- 2人1組で向かい合って練習する
- 倒立したら首をしっかり起こし，真下を見る

　b) ホップして倒立する（補助倒立）

　ホップ側方回転と同じホップから倒立する。助走はしないでよい。

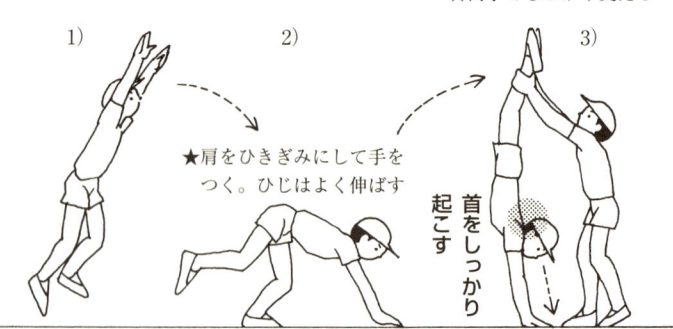

★両手でしっかり支える

1)　　　2)　　　3)

★肩をひきぎみにして手をつく。ひじはよく伸ばす

首をしっかり起こす

c) 倒立からブリッジができるようにする

❖ 立位からブリッジの練習 ❖

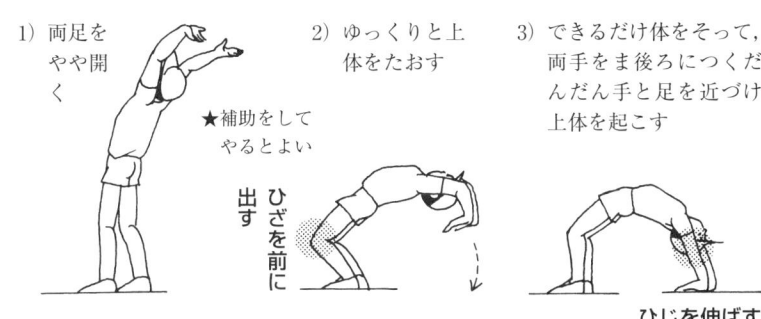

1) 両足をやや開く

2) ゆっくりと上体をたおす

★補助をしてやるとよい

ひざを前に出す

3) できるだけ体をそって,両手をま後ろにつくだんだん手と足を近づけ上体を起こす

ひじを伸ばす

❖ 倒立からブリッジの練習 ❖

1) ゆっくり足をたおす

2) 背中を反らす

3) 足を肩幅ぐらいに開き,しっかりとつく

たおしながら肩を手前にひく

★腕をしっかり伸ばす

❖ 倒立からブリッジの補助法 ❖

相手の身長を考えて補助する

● 腕で支える場所

軽く支えて体を起こしてやる

ロ 腰を支える

頭を起こす

イ 背を支える

イ

ロ

d）ネックスプリングまたはヘッドスプリングで立てるようにする

　ネックスプリング，ヘッドスプリングについてはP58，P61を参照して練習する。

(3) ハンドスプリングの総合練習とポイント

　a）～d）の各部分ができるようになったら，次のことに注意しながら練習する。

- はじめは，1～2歩の軽いホップから倒立をする。だんだんに助走を増やしたり，軽くスピードを出していく。
- 倒立するときは，腕をしっかり伸ばし，頭を起こして真下を見させる。頭を起こすことがわかっていても，実際に頭が入ってしまうことが多いので，マットにチョークで印をつけるとよい。
- 倒立から体を反らせてたおすときに肩を前に出さない。
- 両足をしっかりついてブリッジの姿勢でがんばる。
- 立ち上がるとき，軽くはずみをつける。両腕を伸ばしておもいっきってつきはなす。
- 補助法をしっかり指導し，補助すればだれでもできるところまではいきたい。

13　バランス技

連続技をつくるとき，リズムや動きに変化をつけるためにバランス技が必要である。バランス技は，やさしいものからむずかしいものまであるが，特に決められた形はない。自由に変形して，個性的な美しいポーズを工夫してみると楽しい。次にあげるものはよく使われるバランス技である。静止時間3秒はどのバランス技にも共通である。

(1) 倒立を中心にしたバランス技

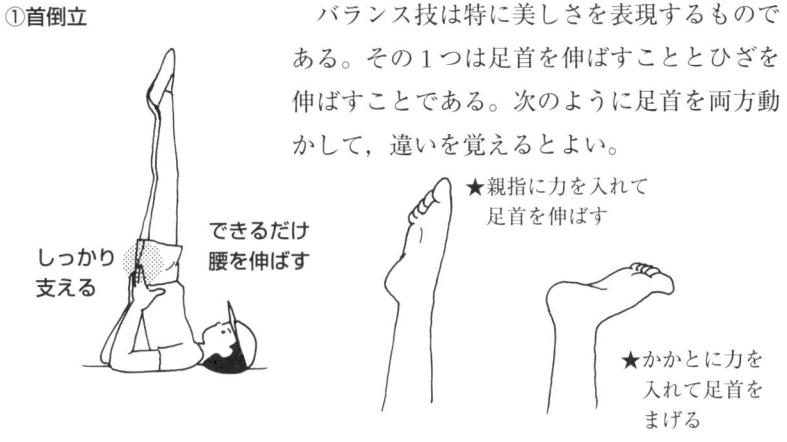

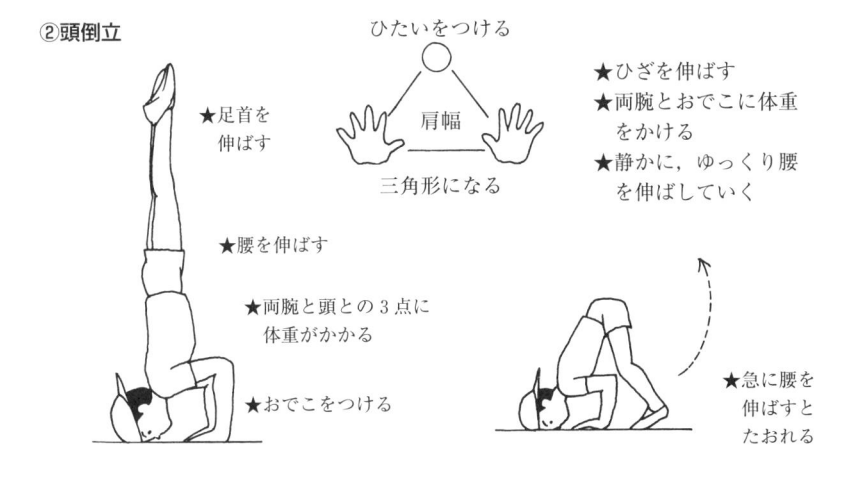

①首倒立

バランス技は特に美しさを表現するものである。その1つは足首を伸ばすこととひざを伸ばすことである。次のように足首を両方動かして，違いを覚えるとよい。

しっかり支える
できるだけ腰を伸ばす

★親指に力を入れて足首を伸ばす

★かかとに力を入れて足首をまげる

②頭倒立

ひたいをつける
肩幅
三角形になる

★足首を伸ばす
★腰を伸ばす
★両腕と頭との3点に体重がかかる
★おでこをつける

★ひざを伸ばす
★両腕とおでこに体重をかける
★静かに，ゆっくり腰を伸ばしていく

★急に腰を伸ばすとたおれる

③カエル倒立

上体をできるだけ前にだしてバランスをとる。ひじをまげてひざをのせる。

★視線は真下を見る
ひじをまげる
ひじにひざをのせる
上体を前にたおす

★手のひらをしっかりつける

④胸倒立

床に胸をつけて体を十分反らしながら，ゆりかごのようにゆらし，足を上に上げていく。両足が十分上がったところで，両腕で床を押さえ，胸倒立で静止する。

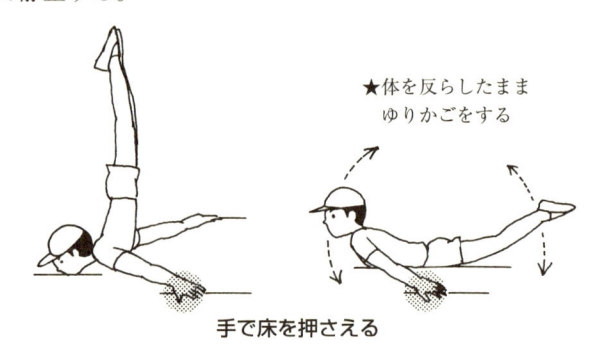

★体を反らしたままゆりかごをする

手で床を押さえる

⑤倒立

★足首を伸ばす

肩幅に手をつき，片足ずつ上げる
1人で無理なときは補助つきでもよい

腰を伸ばす

★真下を見る　★肩幅に手をつく

⑥倒立の練習方法

1) 壁倒立（腹を向けて）

足から登る　　手を壁に近づける

壁倒立の練習

2) 壁倒立（背を向けて）

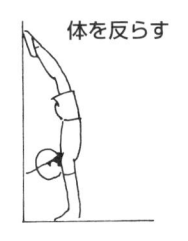

足でける　　体を反らす

あごを出す

3) 補助倒立のいろいろ

腰を支える　　背中を支える

腰を上げる練習　　補助者は腰を下ろして 　　腰を伸ばす

★足が上がらないときはとび箱を使うとよい

2人で補助する 　　1人で補助する

(2) 水平バランス

　水平バランスを美しく見せるには、絵のように足を高く上げることも必要だが、●胸をはり、背を伸ばす　●ひじ、ひざをしっかり伸ばす　●指先を伸ばす　●両手の角度を考える　●3秒きちんと静止する　などを気をつければ、ずいぶん美しく見える。自分の姿勢がよくわからないときは、鏡を見たり友達と教え合ったりして、美しい水平バランスを身につける。

① 片足水平立ち

★ひざを伸ばして高く上げる　　★両手をまっすぐに上げる　　★ひざを伸ばす

② 片ひざ立ちバランス

★ひざを伸ばす　　★胸をはり顔を上げる　　★ひじを伸ばす

③ 片ひざ立ち水平バランス

　手を上げたり、足をおろしたりしていろいろなバランス技を考えてみる。

(3) 文字からつくったバランス技

①V字バランス

1) 手のひらをしっかりつく。
体を60°ぐらいたおして
足をゆっくり上げる

2) ひざや足首をしっかり
伸ばす

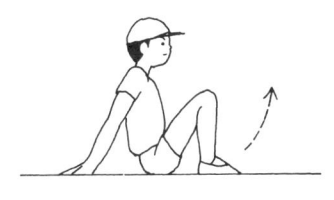

★足首を伸ばす

背中をまっす
ぐに伸ばす

★ひざとひじをしっかり伸ばす

a) ややむずかしいV字バランス

床についた手を横に伸ばす
手ばなしでバランスをとる

横に伸ばした手を前に伸ばす
ひざのあたりをかかえてバラ
ンスをとる

b) V字バランスとの組み合わせ

「前転—V字バランス」と組み合わせた場合，普通の速さで前転をするとV字で足を止められず，両足がマットに落ちてしまう。つまり，前転は次のV字バランス予測して，ゆっくりした速さが必要になる。バランスは簡単な技と組み合わせて練習するとよい。

★前転して体が起きたと
きに足を残しておく

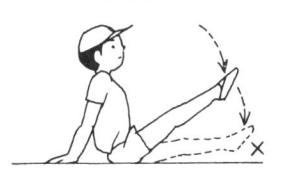

★下まで足が落ちないよ
うにする

②片足を上げたV字バランス

かかとを内側からもち，前から横に上げていくとよい。

ひざの裏をもつ方法もある。

★ひざを伸ばす

③両手を上げたY字バランス

いちばん最後の決まり技として使うとよい。

④Z字バランス

★腰を伸ばす

⑤A字バランス

⑥K字バランス

（4）いろいろなバランス技

①開脚立ちバランス

開脚前転や開脚後転からつなげるとよい。

②片ひざをまげたバランス

このポーズから側転につなげてもよい。

③ブリッジ

1) ブリッジで静止

2) ブリッジから片足を上げる

★足をしっかり地面につける

④創作技

変身ヒーローのポーズ

子犬のポーズ

(5) 腕立て姿勢でのいろいろなバランス技

①腕立ての上向き姿勢から下向き姿勢へ

1)　　　　　　　2)　　　　　　　3)

②腕立て下向き姿勢から上向き姿勢へ

1)　　　　　　　2) 片手で支える　　　3)

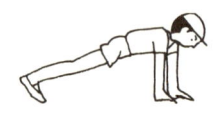

★両足をけって一気に前に足を投げ出す

③立った姿勢から腕立て姿勢へ

1) 直立の姿勢　　2) 上体を前に倒す　　3) 腕立てになる

★腰はややまげる　　★両手でしっかり支える
ひざは伸ばす

④片足旋回

1) 腕立て下向きの姿勢から左足をまげて両手の近くにつく

2) 伸ばしている足を時計と反対まわりに大きくまわして前に

3) 左手に体重をかけ，右手をはなして足を前にまわす

4) 右手に体重をかけ，左手をはなして足をまわす

5) 両手に体重をのせ左足を軽くはねて右足を後方にまわす

6) 腰をやや浮かしたまま右足をさらにまわして2)の動きにつなげていく

★1) から6) までの動作は途切れずになめらかにつなげていく
★伸ばしてまわす足（右足）が通過するたびに体重が移動し
　右手——左手——左足の順に床からはなれる
★まわす足を変えて練習する

⑤片足旋回からのいろいろな技

1) 片足旋回——腕立て上向き姿勢

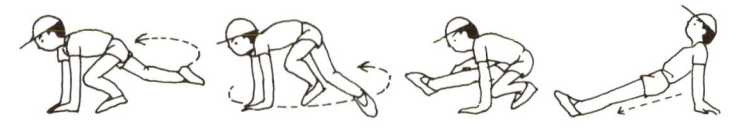

★片足旋回を1・2回して，前に出すとき両足ごと一気に出す

2) 片足旋回——片腕立て横向きバランス

★片足旋回を1・2回して前に出すとき両足を一気に出し
片手支持で横向きバランスに入る

3) 片足旋回——前転

★片足旋回を1・2回して，片足をけって後ろにまわすときそのけ
りを強くし，腰を高く上げ，頭を中に入れて前転に入る。前転を
して起きる。

14 ジャンプのつなぎ技

　ジャンプやつなぎ技には特に決まった形はない。自由に創造したり変化をつけたりして使うとよい。ジャンプのつなぎ技で方向変換や移動をすると連続技を構成するうえでスムーズにできる。

(1) その場でジャンプ（できるだけ高くジャンプする）

①真上に
　ジャンプ

②手をひろげて
　ジャンプ

③とび上がって開脚する
　できるだけ前屈する

④とび上がって
　空間でポーズ
　をとる

- ジャンプをするときは高くとぶ方がよい。
- 指先にまで神経を使って美しく見えるようにする。
- 高くとびすぎて姿勢がくずれないようにする。

(2) 半回転ジャンプ（前―後，後―前と方向を変えるのによい）

①

②両手を上げて

③いろいろ工夫して

下の足を上の足にぶつけてジャンプ

(3) 1回転ジャンプ

①手を横にひろげて
1回転

②両手を上に上げて
1回転

③両手を胸にあてて
1回転

④両ひざをまげて
1回転

⑤片ひざをまげながら
1回転

> 1回転ジャンプはまだまだたくさん考えられる。いろいろ工夫してみるとよい。目がまわってしまうときには、目の高さの目印を決め、回転後にその目印を見ると目がまわらない。

(4) 方向を変える技（ターン技）

軽くジャンプしてつま先で片足を上げて1回転する。手や足は自由に変形する。

①

②

③すわった姿勢から　　　　　　④回転しながら移動する
　立ち上がりながら
　回転する

⑤前転──足交差方向変換──後転

　前転から立ち上がるときに足を交差させ，半回転する。交差させた足を戻すようにして回転し，後ろ向きになる。

⑥前転──１回転ジャンプ──側方回転

　前転から立ち上がりながらジャンプし，１回転してすぐ片足を前に出して側方回転へ入る。

　前転　　　その場で１回転ジャンプ　　　側方回転　　　着地

3 連続技の指導

1 連続技づくりの工夫

　マット運動では，マットの上で自由にころがったり，まわったり，ジャンプして方向を変えたり，時には思いきった回転のあとバランス技を決めるといったように，幅広く自由な創作ができる。そして，この連続技がどの子にも楽しめることをねらいとしている。

　マットを直線に敷いて，その上での連続技を構成したり，音楽や歌のリズムをとらえて，リズミカルなものを工夫したり，マットを方形に敷き，四方八方に動ける連続技であったり，また1人でなく集団で行う連続技など多様な工夫ができる。

　そして今まで習得した回転技の間に，ジャンプやバランスの技，方向変換の技を入れたりすると，むずかしい技はできなくても，変化のある楽しい連続技を創作することができる。

　しかし，初めから，各自が自由に技を組み合わせて，多様な連続技をつくることは困難なので，学習の順序を工夫し，段階的に練習しながら連続技づくりのポイントを習得していくことがよい。

　基本の運動でのマットあそびでは，形の整った回転やその他の技を要求するのでなく，動物の模倣あそびや素朴な横ころがり，前ころがりなどを組み合わせたもので，マットを使った動きの楽しさを十分味わっていければよいと考えている。

　中学年以上では，毎時間の中に，新しい技とそれをつなぐ技を入れ，単一技だけの練習にとどまらず，技と技をつないでいく組み合わせのおもしろさを味わうようにしていきたい。

　次に，連続技の指導の順序とポイントを考えてみたい。

(1) 低学年のマットあそびの組み合わせ

基本の運動での器械・器具を使っての運動では、とび箱やマットを使って楽しくあそべることがねらいである。模倣あそびで動きを工夫したり、横ころがり、前ころがりなどであそぶだけでもおもしろいのであるが、それらを組み合わせて変化を工夫することは、さらに楽しいものである。

低学年の児童は、空想の世界、あそびの世界の中に溶け込んでいくことが容易なので、いろいろなお話をつくりながらそれに合わせて動きを工夫できるようにしたい。演技中はそばから声をかけ、口伴奏のように、お話をリズミカルにはっきり言っていくとよい。

①お話マット　その1

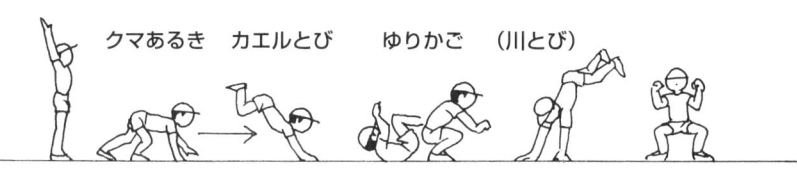

クマあるき　　カエルとび　　ゆりかご　　（川とび）

はじめます。　クマさん、　　カエルのこどもに　こんにちは、　　川をわ　　ハイ、ポーズ
　　　　　　　クマさん、　　会いました。　　さようなら。　　たって
　　　　　　　さんぽだよ。

②お話マット　その2

はじめます。　ウマさん、ウマさん、　　石につまずき　　　　川をとびこえ　ハイ、ジャンプ
　　　　　　　パッカ、パッカ、　　　　ころがった。
　　　　　　　パッカ

ウマあるき　　　（前ころがり）　　　　　　　向きを変える
ひざを伸ばす　　川とび　　　　　　　　　　　ジャンプ

★体重を前にかける　　　　　　★口伴奏ははっきりとリズミカルに

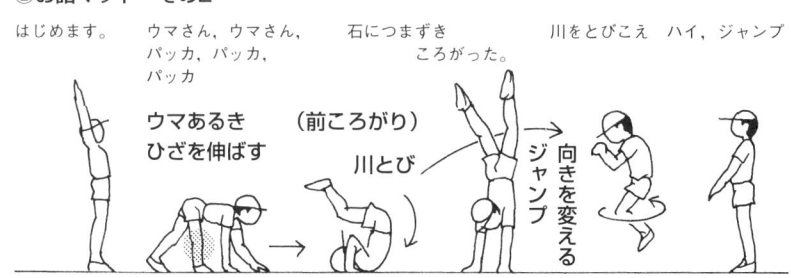

(2) 中学年からの連続技のつくり方

①同じ技を連続させる（同じスピードでまわる）

a) 前転や後転を連続させる

前転，後転を同じスピードでなめらかにまわれるようになったら，速くまわったり，ゆっくりまわったりして，スピードがコントロールできるようにする。

　　　　　○前転――前転――前転
　　　　　○後転――後転――後転
　　　　　○前転――後転――前転
　　　　　○後転――前転――後転

前転と後転のつなぎは，自然に向きを変える方法，またはジャンプしたり，足交差から向きを変える方法などを工夫するとよい。

b) 開脚前転の連続

開脚前転――開脚前転――前転

1) 前転に入る　2) 両足をそろえて伸ばす　3) ここで足を開く　4) 手をついて腰を上げる　5) 開脚バランス

★前に体重をかける

6) 開脚姿勢から前転に入る　7) ゆっくりと前転する　8) 両脚を閉じて前転する

c) 開脚後転の連続

開脚後転は，回転後半で両腕の支えをしっかり行えば，ひざが伸びやすく，きれいにできる。

1) 開脚後転で1回まわる　ゆっくり上体を起こす
2) 開脚立ちのポーズをとる
3) 体を前屈させてから，腰を静かにおろし，次の回転に入る

腰をおとし
重心を低くする

d) 側方倒立回転を連続させる

側方倒立回転の連続は，途中で動きを止めたり，モーションをつけなおしたりしないで，車輪が回転するようになめらかにつづけるとよい。

1) 手をつきはなす
2) 起き上がった姿勢から前を向き，すぐ次の側方回転の姿勢に入る
3) 手を真横につくようにする

②同じ技の間にちがう技を入れて連続させる

〈例〉　○前転────[　　　]────前転
　　　　○後転────[　　　]────後転
　　　　○開脚前転────[　　　]────開脚前転
　　　　○開脚後転────[　　　]────開脚後転
　　　　○側方倒立回転────[　　　]────側方倒立回転

前転────[　　　]────前転で，[　　　]の中にどんな技を入れたらなめらかにつなげることがを考える。

そのときに，回転の技（ロール系，スプリング系）ジャンプの技の中から選んで考えさせるとよい。

高く，低く，ゆっくり，速くなどの変化を考えてつくると，技が発展し，連続のイメージがどんどん広がっていく。

a) 前転────ジャンプ────前転

1) 前転する
次の技を予想して，体の起こしを速める

2) ジャンプする

3) しっかり着地してから次の前転に入る

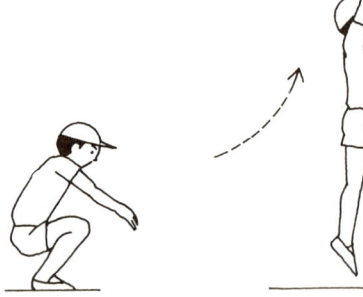

```
〈ジャンプのし方をいろいろ考える〉
 ●高くジャンプする。
 ●遠くにジャンプする。
 ●手，足に変化をつけてジャンプする。
```

b) 前転——開脚前転——前転

1) ひざを伸ばし，両脚をそろえて前転する
2) 一度開脚ポーズで立つ
3) 開脚の姿勢から両手をついて前転に入る。回転し始めたら足をそろえる

c) 前転——とび前転——前転

1) やや速めに前転する
2) 大きくとびこむ
3) 前転を小さくして次の前転へつなげる

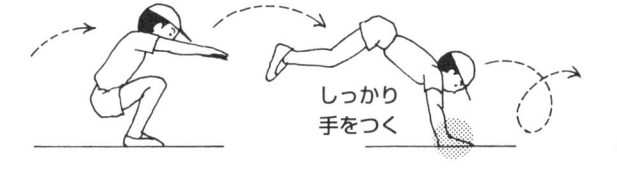

しっかり手をつく

前転——☐——前転については，例に示した連続技のほかにもいくつも考えられる。一定のリズムをつかむために，班で，前転，ジャンプ，前転と演技に合わせて声を変えると楽しくできる。

　　　　（すすんで）——（戻って）——（すすむ）
　　　　　前転　　　　後転　　　　前転

上のような連続技では，位置の変化があまりなく，おもしろ味がなくなる。そこで，前転——足交差方向転換——後転とすると，方向に変化がでてくる。この際，足交差方向転換も1つの演技としてとらえさせるとよい。

d) 後転——☐——後転

　　　　　　　　　　の中に開脚後転や伸膝後転を入れて連続させてみる。
　e) 開脚前転────　　　　　　────開脚前転
　　　　　　　　　　の中に前転やV字バランスを入れて連続させてみる。
　f) 開脚後転────　　　　　　────開脚後転
　　　　　　　　　　の中に後転や伸膝後転を入れて連続させる。
　g) 側方倒立回転────　　　　　　────側方倒立回転
　　　　　　　　　　の中にとび前転や水平バランスを入れて連続させてみる。
　どの連続技も次の技につなげるためには，そのときの回転のスピードや大きさを調節することが必要である。初めのうちは，それがうまく調節できずに，静止すべきところが静止できなかったりするが，何回か練習してスピードや大きさを調節できるようにしなくてはいけない。
　1つ1つの技がとぎれることのないように，なめらかに連続させることを意識させて練習させる。

③回転（ロール系の回転とスプリング系の回転），ジャンプ，バランスの4つの領域から，自分のできる技をつなげてみる。

　この段階では，連続させることの楽しさをわからせることがねらいであるから，自由にいろいろのパターンの連続技をつくらせるとよい。
　4つの領域以外に技と技とをつなぐ「つなぎの技」を十分に意識させ，1つの技として取り扱うと連続技の幅を広げることができる。
　〈例示〉次のパターンで連続技をつくってみる。
　a) 回転────ジャンプ────回転
　　　a. 前転────半回転ジャンプ────後転
　　　b. 前転────高いジャンプ────開脚前転
　b) 回転────バランス────スプリング系回転
　　　a. 前転────（片足を前に出して起き）────片足水平立ち────側方倒立回転
　　　b. 後転────首倒立────首はね起き
　c) スプリング系回転────回転────バランス
　　　a.（助走して）────側方倒立回転後ろひねり────後転────首倒立

b．ホップ側方倒立回転────（ターンして）────開脚前転────V
　　　字バランス
　d）バランス────回転────スプリング系回転
　　a．首倒立────開脚前転────前転────（足をそろえてから立ち）
　　　────ホップ側方倒立回転後ろひねり
　　b．V字バランス────（一歩足を前に出して立ち）────側方倒立
　　　回転────ホップ側方倒立回転後ろひねり

❖ 回転，ジャンプ，バランス技の分類表 ❖

　習得した技を次のように分類してみる。この分類の他に，つなぎの技や創作した技を分類表の中に入れて整理してみると，連続技をつくるうえで大変役に立つ。

分類	分類の観点	具体的な技
ロール系	体をまるめてころがる技	・側転 ・前転 ・後転 ・横転 ・開脚前転 ・開脚後転 ・とび前転 ・伸膝前転 ・伸膝後転
スプリング系	体を伸ばし，反らしてまわる技	・側方倒立回転 ・ホップ側方倒立回転 ・ホップ側方倒立回転前ひねり ・ホップ側方倒立回転後ろひねり ・ハンドスプリング（前方倒立回転） ・ネックスプリング（首はね起き） ・ヘッドスプリング（頭はね起き）

バランス系	静止またはポーズの技	・V字バランス ・Y字バランス ・片足水平立ち ・片ひざつき水平バランス ・首倒立 ・頭倒立 ・倒立 ・補助倒立 ・ブリッジ ・片足旋回
ジャンプ系	跳躍または移動のための技	・ジャンプ ・半回転ジャンプ ・1回転ジャンプ ・開脚ジャンプ ・手,足をつけたジャンプ
つなぎの技	技と技をスムーズにつなげるための技	・両足交差方向変換 ・各種ターンの技 ・助走 ・片足伸膝立ち ・その他創作のつなぎの技＊

＊) 尺取り虫やアザラシ,ウマなどの模倣の技は,つなぎの技に含めてもよいし独立してもよい。

(3) 連続技づくりのポイント

　同じ技をつなげたり,同じ技と技の間に他の技を入れたり,いろいろな領域の技を組み合わせたりして,3〜5種目の連続をつくるのは,連続技のイメージをとらえさせるのがねらいである。よい連続技や,つなぎ方の工夫などがこの練習によってわかってきたら,いよいよ自分自身で工夫する連続技づくりに進んでいく。

友達と連続技を見せ合い，教え合ったりしていく観点を次のように考えてみた。

> i　もり上がりのある中心部分はあるか

側方倒立回転，ホップ側方倒立回転，ホップ側方倒立回転ひねり，前方倒立回転などの大きい動きの技をどこに入れていくかということになる。始めに入れた場合は，終わりにも大きい技を入れていったり，中頃に入れていって全体をもり上げ，終わりはジャンプなどで軽くしめくくるということもよい。多くの場合は，後半に入れて大きい技でもり上げてしめくくるという構成をする。

> ii　動と静の部分がはっきりしているか

速い前転からジャンプしてバランス技に入るなど，強弱をはっきりつけていく部分があると技がひきしまってくる。

> iii　高と低の部分がはっきりしているか

前転—ジャンプ，ホップ側転回転後ひねり—後転など，小さい回転から大きい動作へ，大きい回転から小さい回転へという組み合わせも変化をもたせるのによい。

> iv　リズムの変化がはっきりしているか

速い回転からゆっくりな回転，強い動きから静かな動きなど，リズムの変化をもちながら全体としてリズミカルなものがよい。

> v　技と技のつなぎがスムーズにいったか

とぎれとぎれでなく，運動の後半が次の運動に入るのに都合よく工夫されているかどうかを，動きや速さで見ていくとよい。

> vi　1つ1つの技が正確であるか

いい加減な動きでなく，できるだけ正確に行う努力をしているかどうかを見ていく。

(4) 直線マットの連続技の例

①マットのはじからはじまで

a) 前転 ──→ ジャンプ ──→ 側方回転後ろひねり ──→ 後転 ──→ 後転・首倒立

1) 小さく速い前転　　2) おもいきってジャンプ　　3) 大きな回転へ

★起きたらすぐ
ジャンプする

b) とび前転 ──→（片足伸膝立ち）──→ 側方倒立回転 ──→ 側方回転後ろひねり ──→

1) やや大きくとびこ　　2) 片足を伸ば　　3) すぐに次の側方
　んで前転する　　　　　して立つ　　　　　回転に入る

c) 前転 ──→ 前転・V字バランス ──→ 助走 ──→ ホップ側方回転後ろひねり

1) 小さく速めに前　　2) ゆっくり前転。　　3) 足の先，ひじを　　4) 2，3歩
　転する　　　　　　　後半でスピード　　　しっかり伸ばす　　　助走する
　　　　　　　　　　　をおさえる

II／❸ 連続技の指導　93

4) 両足をそろえて90°ひねる　5) 足をゆっくりおろす　6) 小さく後転する　7) もう1回まわって首倒立へ

後転──→終わりのポーズ

4) 回転がとぎれないようすぐにつづける　5) 両足をそろえてゆっくりおろす　6) 小さく後転する　7) ポーズをとる

──→片ひざつき水平バランス

5) ホップする　6) 大きな回転へ　7) 両足そろえて90°ひねる　8) ゆっくりおろす　9) 胸をはってバランスへ

②マットを往復する

a) 助走 ⟶ ホップ側方倒立回転後ろひねり ⟶ 後転 ⟶ 開脚後転 ⟶
　　　　　　　　　　　　　　　　　　　　　　　前転 ⟵ 開脚ポーズ

1)「始めます」　2) 2, 3歩　3) 側方倒立回　4) 足をそろえ　5) ゆっくり
　と声をかける　　助走する　　転に入る　　　て90°方向　　　おろす
　　　　　　　　　　　　　　　　　　　　　　転換する

17) 終わりの　16) 前転して　15) 足を開いたまま　14) 開脚ポーズ
　　ポーズ　　　　立つ　　　　　ゆっくり前転

　ここにあげた連続技は1つの例であり，これを参考に独創的な連続技を工夫する。また，子どもの技の習得の様子によっては，同じ例題の中の一部を変更して行ってもよい。たとえば，側方倒立回転後ろひねりを側方倒立回転に変えたり，ハンドスプリングに変えたり，前転をとび前転に変えたりすると無理のない連続技をつくることができる。

開脚ポーズ → V字バランス
← 開脚前転 ← 前転

6) 後転する　　7) 開脚後転　　8) 開脚ポーズ　　9) V字バランス
　　　　　　　　　足をよく　　　　から腰をお
　　　　　　　　　伸ばす　　　　　ろす

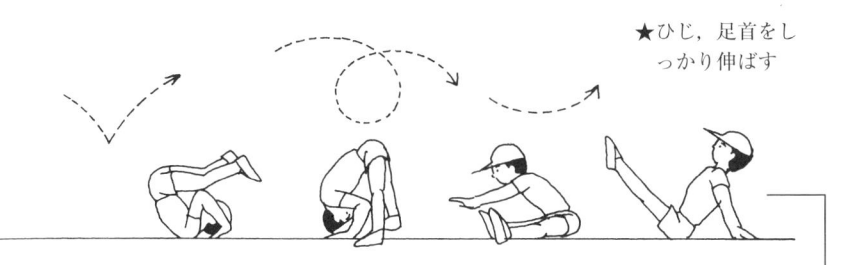

★ひじ，足首をしっかり伸ばす

13) 起き上がる　12) 足が真上にいった　11) 前転する　10) V字バランスか
　　少し前に足　　　とき，ゆっくりし　　　　　　　　　　ら立ち上がり
　　を開く　　　　　た回転にうつる　　　　　　　　　　　前転に入る

❖ 連続技を始めるときと終わるとき ❖

　連続技を始めるときは，なんとなく始めるのではなく，見せることを意識して，片手を上げ「始めます」といってから始めるとよい。
　同様に，途中で失敗したとしても最後までやり通し，最後に終わりのポーズをとって「終わります」と一声かけてから終わるようにする。
　V字バランスや水平バランスは，十分に時間をかけるよう指導していくと全体がまとまってみえる。

(5) グループの規定問題

　規定問題としての連続技を示して，連続技の練習に慣れることや，個人の連続技づくりのモデルにしようとする方法については前にも述べた。この規定問題はクラス全員ができるものであったり，グループの全員ができるものが望ましい。そして，回転技，バランス技，跳躍技などがリズミカルにつながるように組み立てられているとよい。

　次のものは，グループの規定問題の一例である。この中で実線で囲ったものは，規定問題を変化させて次第に難易度を高めようとする工夫であり，部分的な技のさしかえになっている

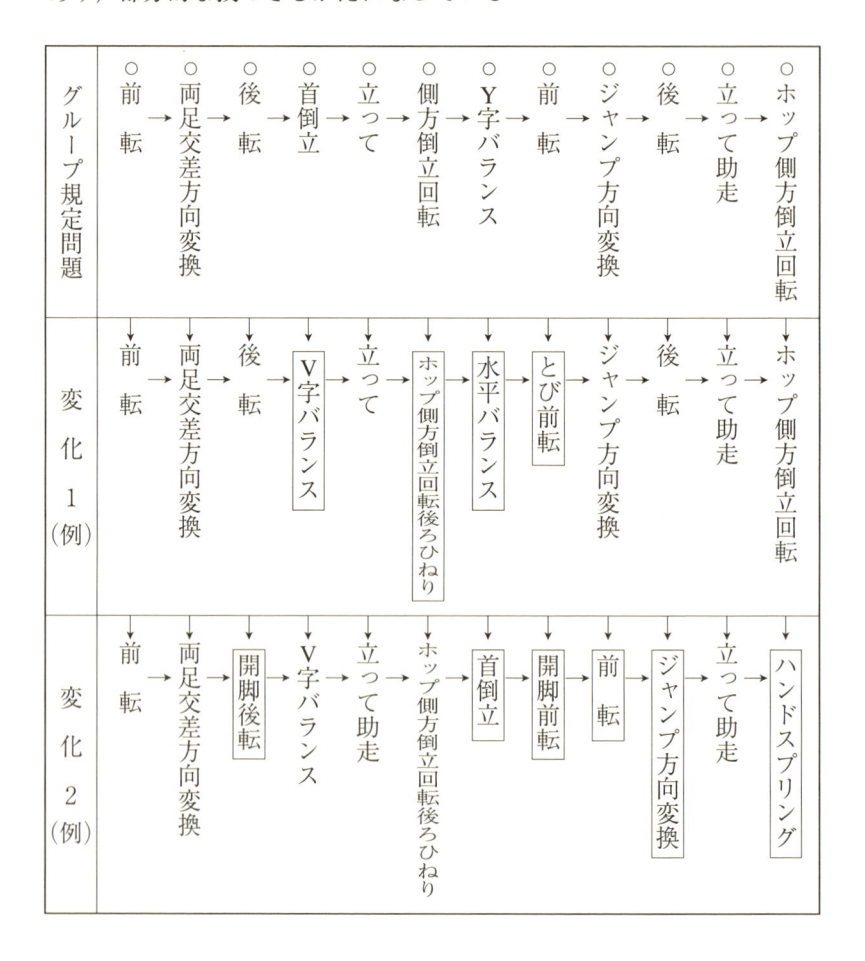

グループ規定問題	○前転	→○両足交差方向変換	→○後転	→○首倒立	→○立って	→○側方倒立回転	→○Y字バランス	→○前転	→○ジャンプ方向変換	→○後転	→○立って助走	→○ホップ側方倒立回転
変化1(例)	前転	→両足交差方向変換	→後転	→**V字バランス**	→立って	→**ホップ側方倒立回転後ろひねり**	→**水平バランス**	→**とび前転**	→ジャンプ方向変換	→後転	→立って助走	→ホップ側方倒立回転
変化2(例)	前転	→両足交差方向変換	→**開脚後転**	→**V字バランス**	→立って助走	→ホップ側方倒立回転後ろひねり	→**首倒立**	→**開脚前転**	→**前転**	→**ジャンプ方向変換**	→立って助走	→**ハンドスプリング**

①グループの規定問題例

前転 ⟶ 両足交差方向変換 ⟶ 後転 ⟶ 首倒立

★立ち上がりながら向きを変える　★まわりながら脚と腰を伸ばす

Y字バランス ⟵ 側方倒立回転 ⟵ 立って ⟵

★静止3秒　★一歩ふみ出す

向きを変えて前転 ⟶ ジャンプ方向変換 ⟶ 後転 ⟶

★すばやく起きてジャンプする　★後ろ向き　★柔らかく小さく後転

終了（ポーズ）⟵ ホップ側方倒立回転 ⟵ 助走 ⟵ 立って

★2，3歩の助走　★ホップする　★足・腰を伸ばす

②グループの規定問題の変化（1）

前転 → 両足交差方向変換 → 後転 → V字バランス

★立ち上がりながら向きを変える

★後転を1回行ってからV字に入る

片足水平立ち ← ホップ側方倒立回転後ろひねり ← 立って ←

★ホップする

★足を十分上げる

★胸をはる

★片足で支持する

立って → とび前転 → ジャンプ方向変換 → 後転

★腰を高く上げる

終了（ポーズ） ← ホップ側方倒立回転 ← 助走 ← 立って

③グループの規定問題の変化（2）

前転 ⟶ 両足交差方向変換 ⟶ 開脚後転 ⟶ V字バランス

★開脚のポーズをとる

首倒立 ⟵ ホップ側方倒立回転後ろひねり ⟵ 助走 ⟵ 立って

★後転をしながら入る　★上で両足をそろえる

★静かに両足をおろす

首倒立 ⟶ 開脚前転 ⟶ 前転 ⟶ ジャンプ方向変換

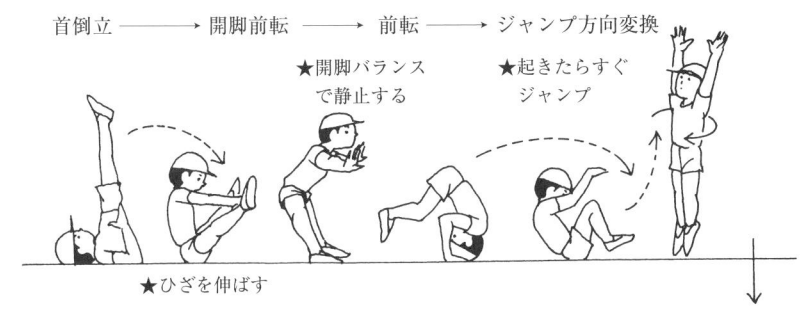

★開脚バランスで静止する　★起きたらすぐジャンプ

★ひざを伸ばす

終了（ポーズ）⟵ ハンドスプリング ⟵ 助走 ⟵ 立って

★強く体を反らす

★しっかりつく

② 音楽を使った連続技づくり

　直線マットの連続技づくりでは，マットを往復していくなかでまとまりのある連続技を求めてきた。
　具体的には，スピードの変化，動きの高低，強弱の変化，大きい技と小さい技などリズミカルな連続技の構成を工夫して，技の組み合わせを考えてきた。
　これらのリズムをつくり出すのに，どこでゆっくり回転し，どこを速くしていくのがよいのかという，全体の動きの流れをつかませるのはむずかしい。この指導としてはいくつか考えられる。

(1) 連続技のリズムをどうつくり出すか

　（i）まず自分でつくった連続技について，そのリズムをことばで表してみる。たとえば次のようである。

> 「ゆっくり前転，起きてすぐジャンプ，そこから1歩ふみ出して大きくゆっくり側方倒立回転，側方倒立回転2回目に90°後ろひねり，ゆっくり開脚後転，開脚立ちのバランス　静止1，2，3　腰をおろして静かにV字バランス　静止1，2，3　すばやく立って，大きくジャンプ，すぐに助走，大きくホップして側方倒立回転2回，着地　静止，終了」

　以上のように，何回もことばで言いながら練習するのである。途中でまごまごしたり，動きがとぎれたりしないように，リズムをすっかり頭に入れておくことである。

　（ii）友達に横から声をかけてもらいながら練習してみる。この場合も，自分でつくった連続技にそのリズムを書きこんでおいて，それを見ながら声をかけてもらう。たとえば次のようである。

> 「ゆ̇っ̇く̇り̇前転する，2回目の前転はゆ̇っ̇く̇り̇して，足を下におろさないで，V字バランス　静止1，2，3　立ったらすぐジャンプ，そのまま助走，ホップ側方倒立回転後ろひねり，ゆ̇っ̇く̇り̇後転に入って上で足を伸ばして首倒立，ゆっくり体を伸ばして，静止する，1，2，3，すばやく起き上がってジャンプ1回転，そのまま助走して大きくホップ側方倒立回転2回，着地　静止，終了」

傍点の部分を横から大きい声で助言してもらいながら練習する。

(ⅲ) 音楽を聞きながら組み合わせを考えてみる。

音楽教材にあるような小曲や口ずさめる小曲や歌には1つのまとまりがあるので，そのリズムを活用する。このリズムをよくとらえ，始まりの部分，展開部分，終わりの部分としておよその連続技をつくり，音楽に合わせて速いところ，ゆっくりなところ，大きい動作，強い動きなどを工夫してみる。歌の場合は歌詞にとらわれてどの子の動きも同じにならないようにしたい。

本来，曲があって動きができるのでなく，動きに合った曲が選ばれたり，動きをより効果的にするために曲がつくものであるから，理想的には子どもの連続技を見て教師がピアノで伴奏をつけてやるなどの指導ができれば申し分ない。

ここで取り上げた実践では，グループごとに曲を選び，その曲の感じから技の組み合わせを考えて連続技をつくったものである。したがって，動きが曲にうまく合っていないものが多いが，曲に合わせながら動いていこうとする点で，動きになめらかさが出てきたり，自分の演技をよりリズミカルに行おうとする努力が見られる点で効果があったように思う。

次の連続技は，音楽を使って連続技づくりをした一例であるが，子どもたちは，それぞれ楽しい連続技の学習ができたように思う。

(2) 音楽を使った連続技の例

①ロシア民謡より「カチューシャ」

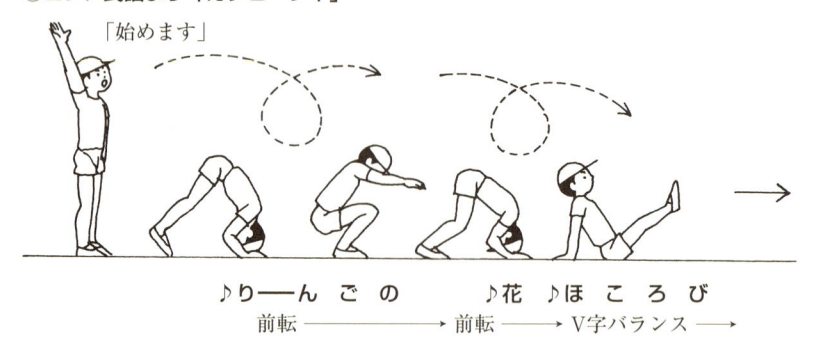

「始めます」

♪りーーんごの　♪花　♪ほころび
前転　　　　　→ 前転 → V字バランス →

● 音楽を使うことが初めての子どもには，上のようなものが効果的であるが，連続技という形で一度経験させてからつくらせたほうがよい。

　※能力に応じて変化をつける
　後転→伸膝後転
　ハンドスプリング→ホップ側方倒立回転後ろひねり
　　　　　　　　　　ホップ側方倒立回転前ひねり
　　　　　　　　　　ホップ側方倒立回転

♪しのびよりぬ
終わりのポーズ ← ※ハンドスプリング ←

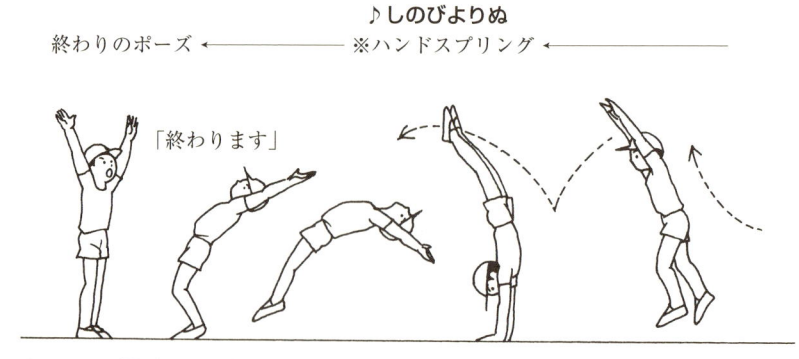

「終わります」

カチューシャ（関　鑑子・丘　灯至夫：訳）
© Mikhail Vasilevich Isakovski/Matvej Isaakovich Blanter
© NMP
Assigned to Zen-On Music Company Ltd. for Japan

Ⅱ／❸ 連続技の指導　103

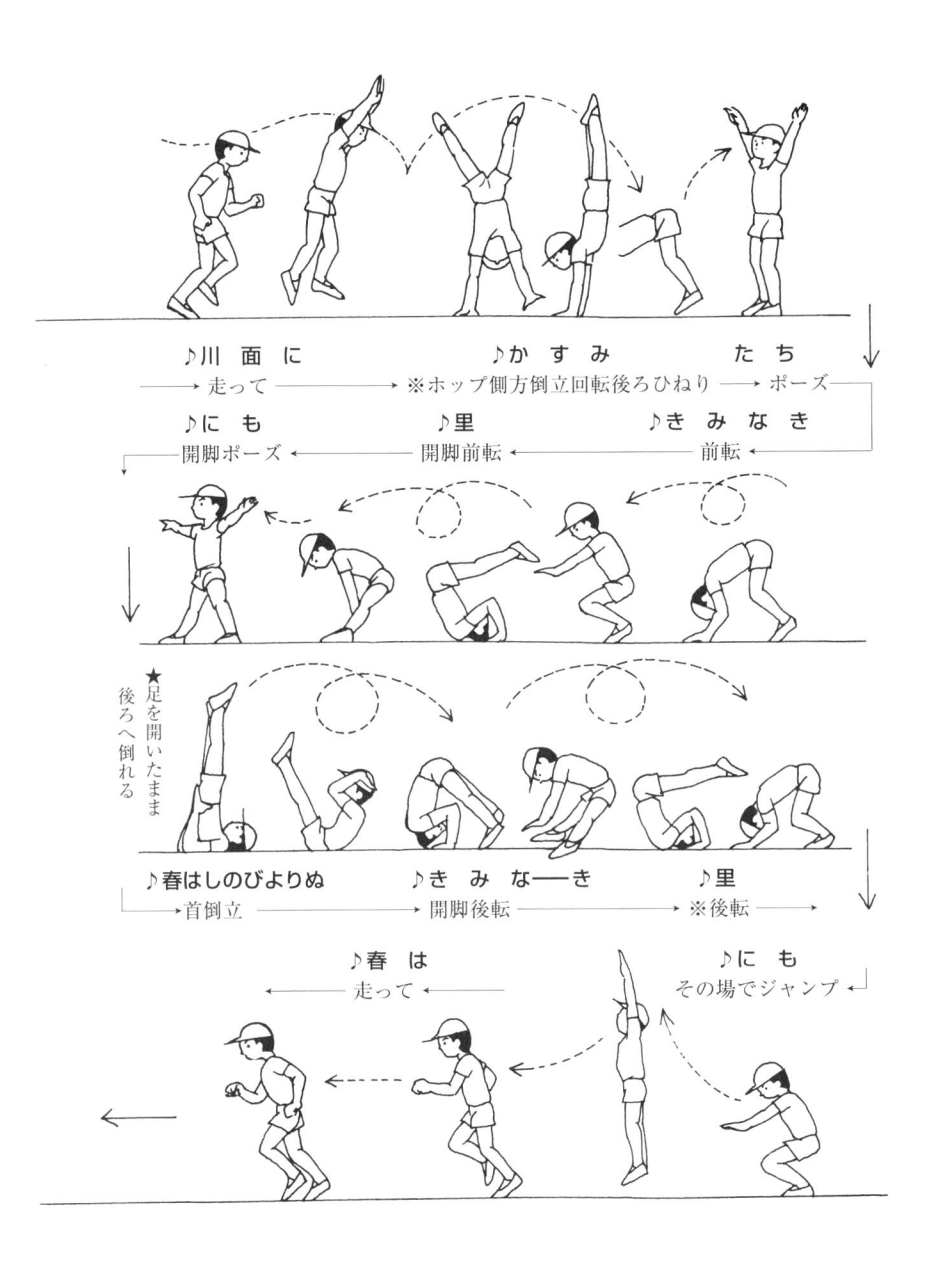

♪川　面　に　　　　　　　　♪か　す　み　　　　た　ち
　→ 走って　　　　　→ ※ホップ側方倒立回転後ろひねり → ポーズ ─

♪に　も　　　　　　　　♪里　　　　　　　　♪き み な き
← 開脚ポーズ　←　　開脚前転　←　　　　　前転　←

★足を開いたまま後ろへ倒れる

♪春はしのびよりぬ　　　♪き　み　な──き　　　♪里
→ 首倒立 ──────→ 開脚後転 ──────→ ※後転 ──→

♪春　は　　　　　　　　　　　　♪に　も
← 走って　　　　　　　　　　　その場でジャンプ ←

②グループごとに音楽を使って連続技をつくる〈A班の発表例〉

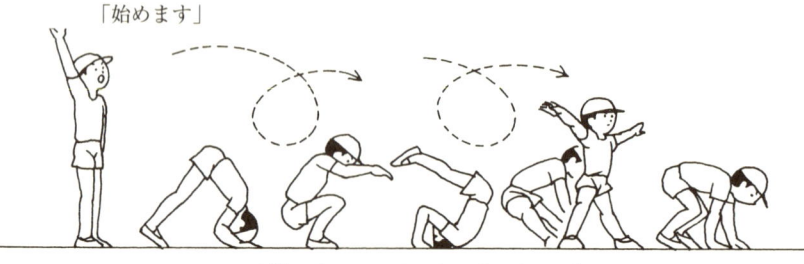

「始めます」

♪ゆきーのしらかば ♪なーみき
ポーズ → 前転 → 開脚前転 → 開脚ポーズ →

♪鈴の音高く ♪ほがらかに
首倒立 ← 後転 ←

直線ロングマットの上を往復する。

音楽はロシア民謡の中から「トロイカ」。全員ができる技を使う。

※側方倒立回転は1回でもよい。

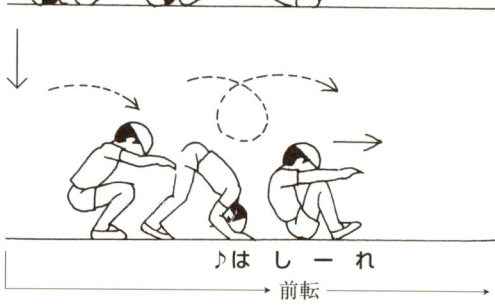

♪はしーれ
前転 →

♪鈴の音高く
ポーズ ← ホップ側方倒立回転後ろひねり ←

「終わります」

トロイカ（楽団カチューシャ：訳）

II／❸ 連続技の指導　105

♪夕 日 が　♪映 え る
ジャンプ ────→ ※側方倒立回転 ────→ 側方倒立回転

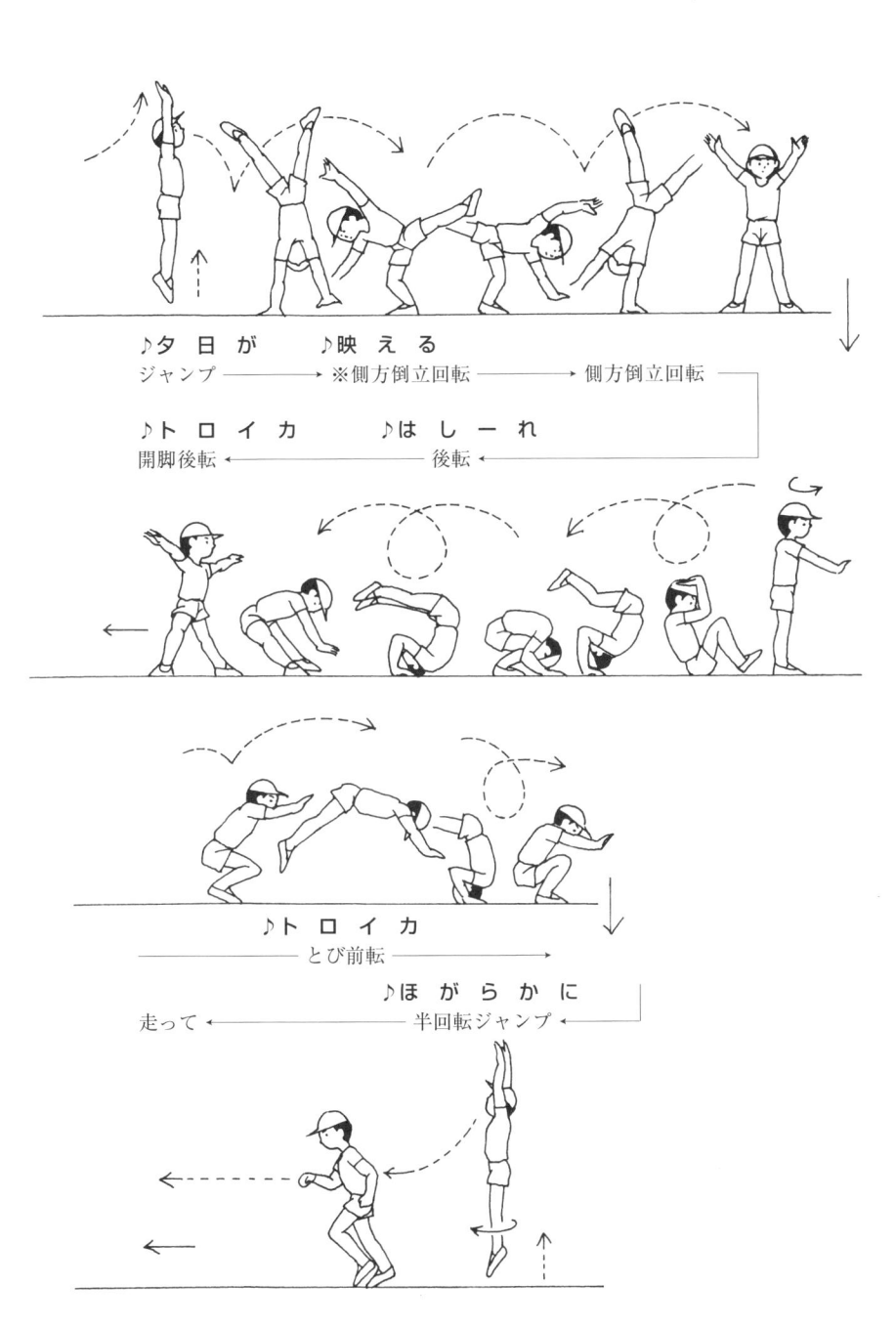

♪ト ロ イ カ　♪は ー し ー れ
開脚後転 ←──────── 後転

♪ト ロ イ カ
──── とび前転 ────→

♪ほ が ら か に
走って ←──── 半回転ジャンプ ←

〈B班の発表例〉

「始めます」　　　　　　　　　　　　　　　★足を交差する

♪ゆき ── のしらかば ♪な ── みき
ポーズ ──→ 前転 ──→ 足交差 ──→ 後転 ──→ Z字バランス ──→

★バランス技は3秒間きちんと静止する
　　Z字バランス
　　水平バランス
　　開脚ポーズ
　　ブリッジ
★※ブリッジはV字バランスへ変えてもよい。
　　ハンドスプリングはホップ側方倒立回転ひねりに変えてもよい。

♪鈴 の 音 高 く
「ポーズ」 ←────── ※ハンドスプリング ←────── 走って
　　　　　「終わります」

Ⅱ／❸ 連続技の指導　107

♪夕日が映える　　　　　　　　　♪はし ── れ
──→ ※ブリッジ ──→　　　　　　──→ 側方倒立回転 ──→

♪トロイカ
──→ 戻って ←── 側方倒立回転 ──

★半回転する

♪ほ ── がらかに　　　　　　　♪鈴の音高く
──→ ホップ側方倒立回転 ──→　　──→ 片足水平立ち ──→

♪ほ ── がらかに　♪トロイカ　　♪はし ── れ
←── 開脚ポーズ ←──　←── 開脚前転 ←──　←── 前転 ──

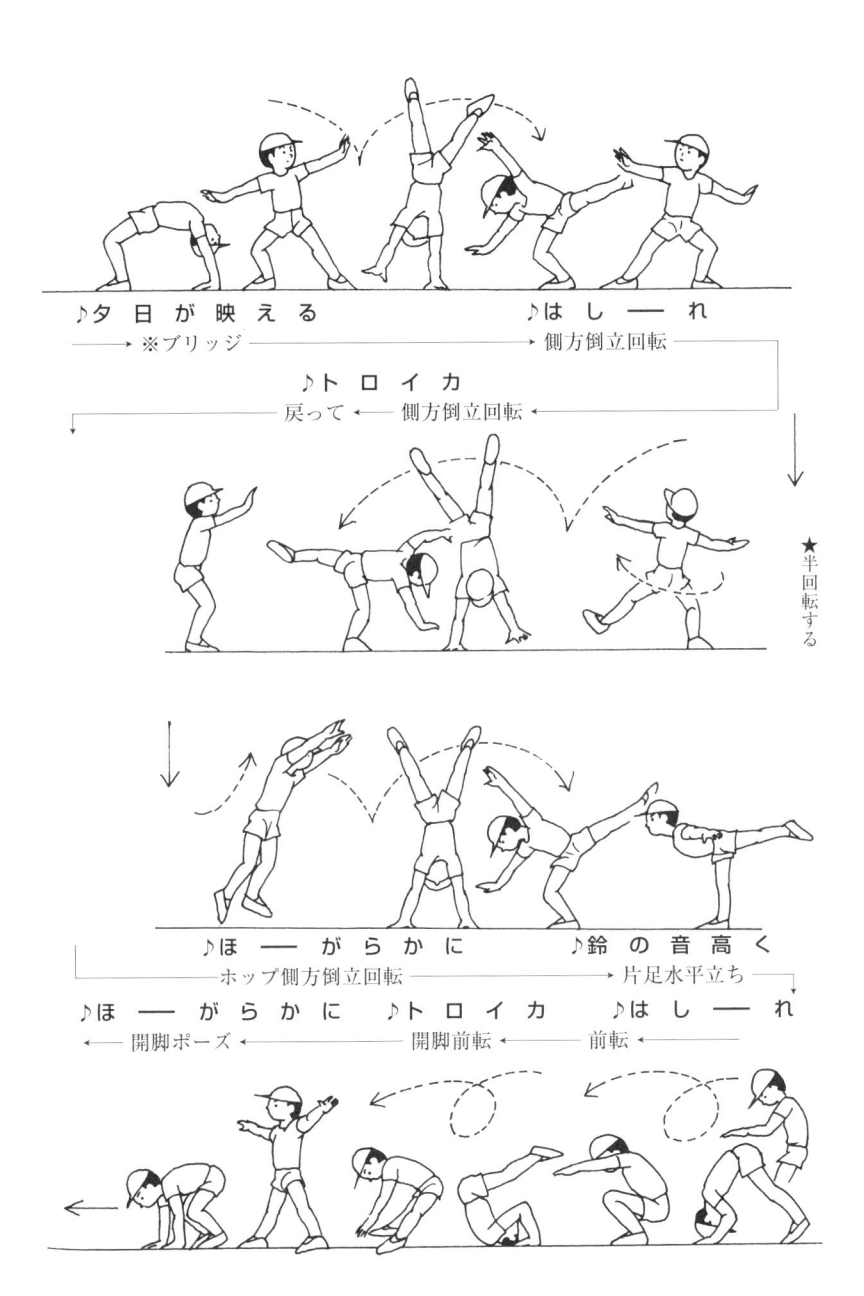

③ 方形マットでの連続技づくり

　直線ロングマットでの連続技づくりになれ，組み合わせの楽しさがわかってきたら，さらに方形マットの上で連続技をつくると，より楽しいマット運動が味わえる。
　それは，直線の上を往復するという枠から開放され，平面上を前後左右，そして斜めの方向にも自由に動くことができる。バランス技やつなぎの技をうまく利用して，方向転換をしていくとよい。指導は次のような順序で行っていく。

(1) 直線から1方向へのコースの変化で連続技をつくる

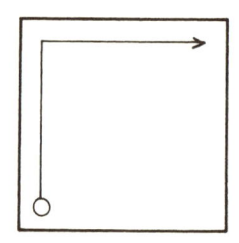

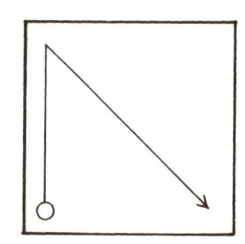

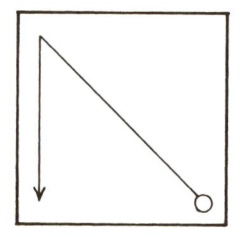

片ひざつきポーズ
前転
助走
ホップ側方倒立回転後ろひねり
ホップ側方倒立回転
ハンドスプリング
走って

（2）直線から2方向へのコースの変化で連続技をつくる

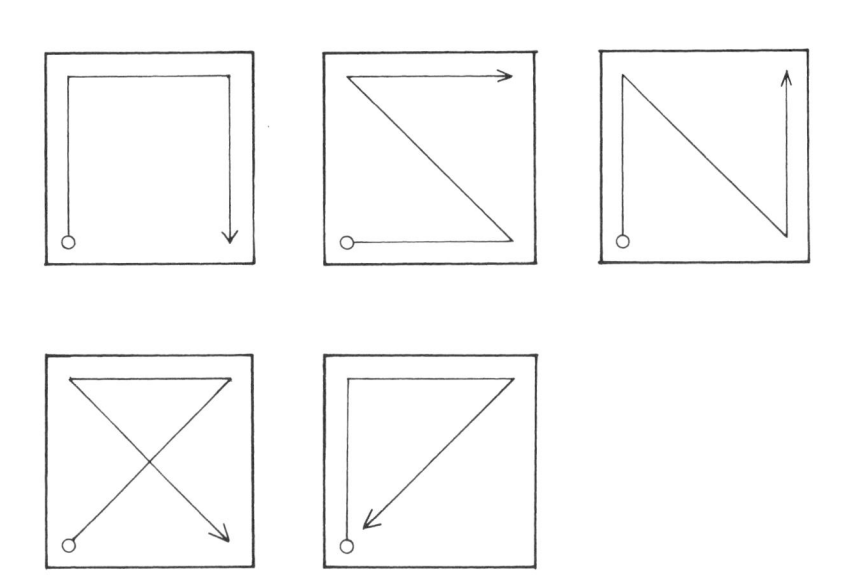

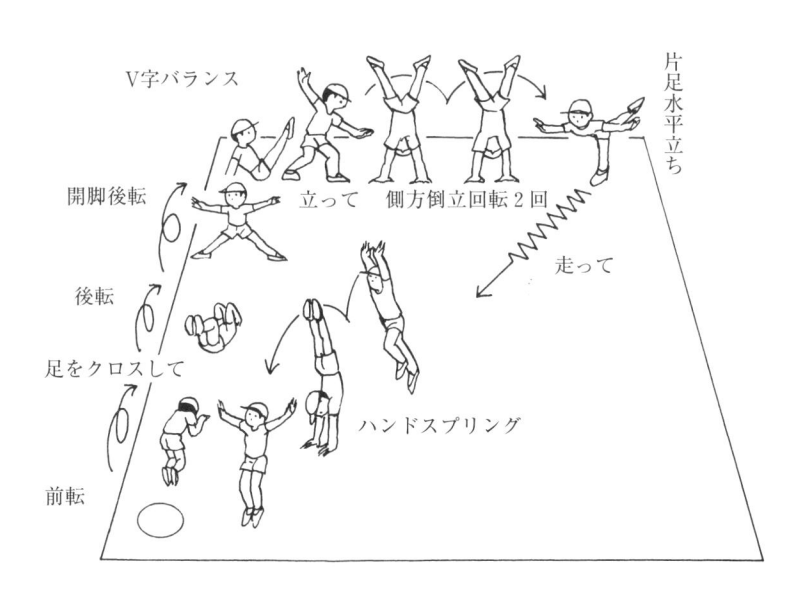

片足水平立ち

V字バランス　　立って　側方倒立回転2回　　走って

開脚後転

後転

足をクロスして　　ハンドスプリング

前転

①方形マットの連続技（1人）の例

a) 前転―立ち上がり―ホップ側方倒立回転後ろひねり―開脚後転

(下図b) へ)

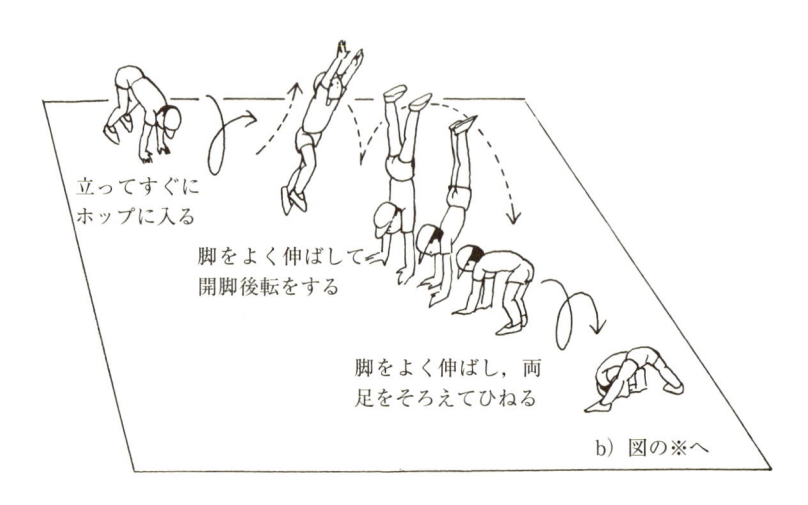

立ってすぐに
ホップに入る

脚をよく伸ばして
開脚後転をする

脚をよく伸ばし、両
足をそろえてひねる

b) 図の※へ

b) 開脚バランス―腰をおろして向きを変えて立ち―開脚前転

(右ページc) へ)

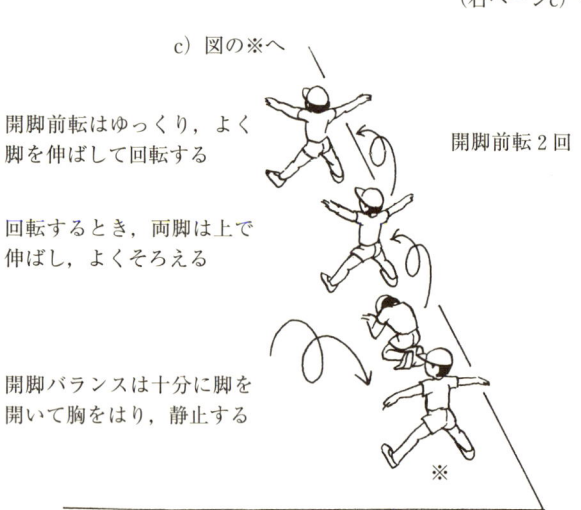

c) 図の※へ

開脚前転はゆっくり、よく
脚を伸ばして回転する

回転するとき、両脚は上で
伸ばし、よくそろえる

開脚前転2回

開脚バランスは十分に脚を
開いて胸をはり、静止する

※

Ⅱ／❸ 連続技の指導　111

c) 開脚前転の3回目にV字バランス―立ち上がって―ジャンプ方向変換

（下図d) へ）

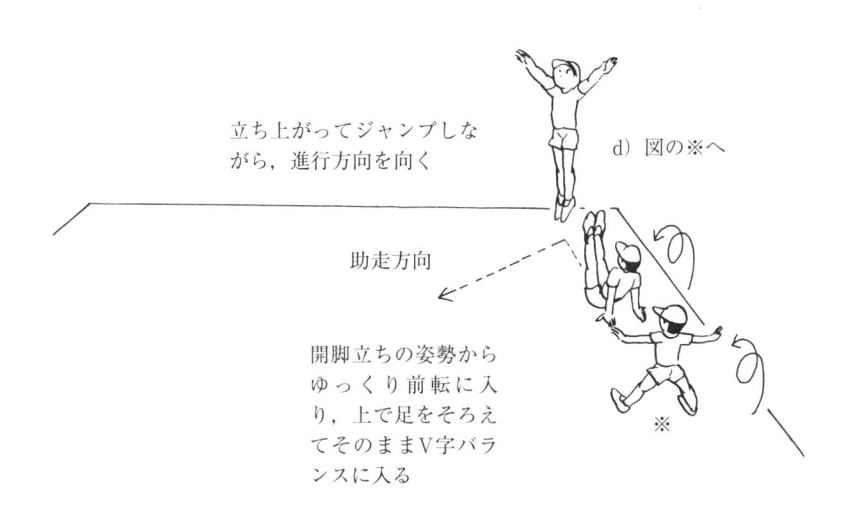

立ち上がってジャンプしな
がら，進行方向を向く

d) 図の※へ

助走方向

開脚立ちの姿勢から
ゆっくり前転に入
り，上で足をそろえ
てそのままV字バラ
ンスに入る

※

d) 助走して―ホップ側方倒立回転2回連続―終わり

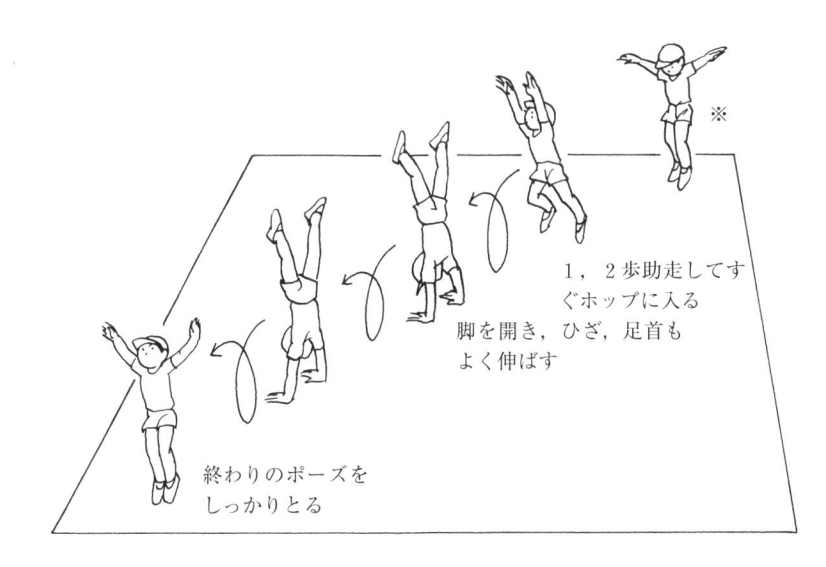

※

1，2歩助走してす
ぐホップに入る

脚を開き，ひざ，足首も
よく伸ばす

終わりのポーズを
しっかりとる

(3) 方形マットの平面を有効に使って連続技をつくる

　方向変換がわかったら，方形マットの平面をできるだけ有効に使って連続技をつくってみる。

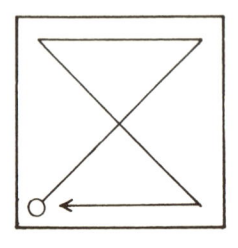

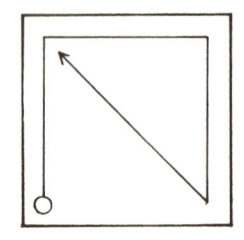

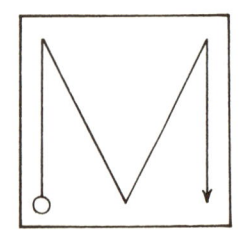

(4) 方形マットで集団連続技をつくる

　1人でリズムや構成を考えるのも楽しいが，集団で1つの連続技をつくることは，また，ちがった楽しさを味わうことができる。

　コースを決めて練習する。下はその一例である。

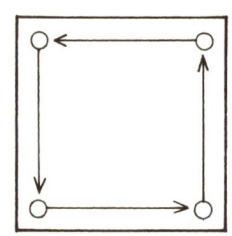

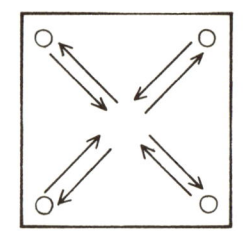

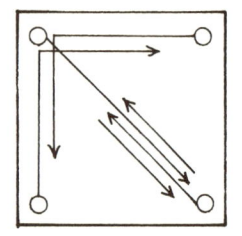

　人数は3，4人の少人数がよく，なれてきたら4～6人のチームでもよい。初めは，同時にスタートするが，スタートをずらしてみたり，コースの変化を工夫してみたりするのも楽しい。

(5) 集団マット運動の練習

　方形マットによる集団連続技に入る基礎練習として，集団マット運動の練習を考えてみるのもおもしろい。

　たとえば次のような運動がある。

①同じ運動を同じ速さで同時に行う

　たとえば，マットを数枚平行に並べて敷き，いっせいに前転を行う。一人ひとりの回転の速さを同じに行い，合図によってスタートして次々に前転を行う。

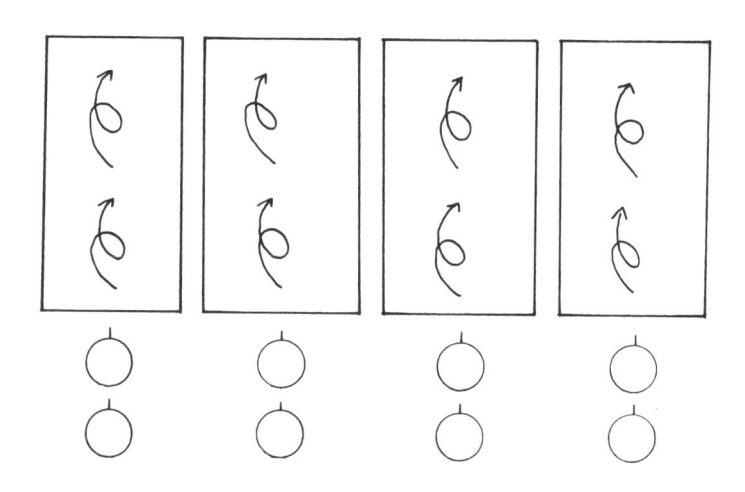

　これを，前転，後転，開脚前転，開脚後転などに発展させてみる。

　また，前転を行うマット，後転のマットなどマットによって技を変えることもできるし，前転 ― 後転，または，前転 ― 開脚前転，という2種目連続で同じ速さで同時に行うという方法もある。いずれにしろ，どの子にもある程度できる技を選ぶことが必要であるが，友達にうまく合わせるために回転のスピードをコントロールしたり，失敗しないように1つ1つの技を慎重に行うようになり，緊張感が出てくるものである。

②2人組みで2つの技を組み合わせる

同じマットの上で，一方が前転をし，一方がとび前転をするなどして，2つの技を組み合わせる。

a) 横まわりととび前転を組み合わせる

1人が横まわりでまわっていく。その回転の進行に合わせて，他の1人が横まわりしている子をとびこして，とび前転をする。

横まわり

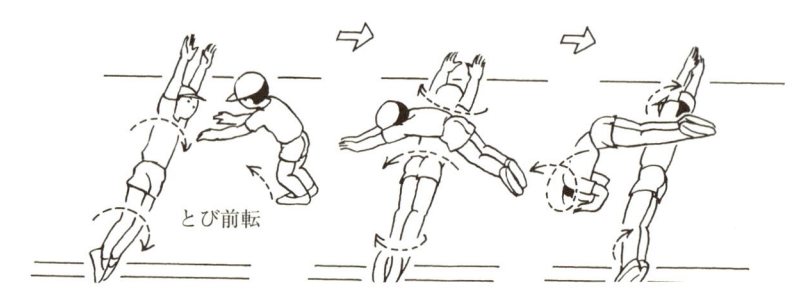

とび前転

b) 体をちぢめた横まわりとウサギの横とびとを組み合わせて連続させる

1人が体をちぢめて横まわりをする。他の1人がウサギとびのように横とびをしながらこれをとびこす。次にウサギとびをした者が横まわりを，横まわりをした者がウサギになって前の動きを連続して行う。

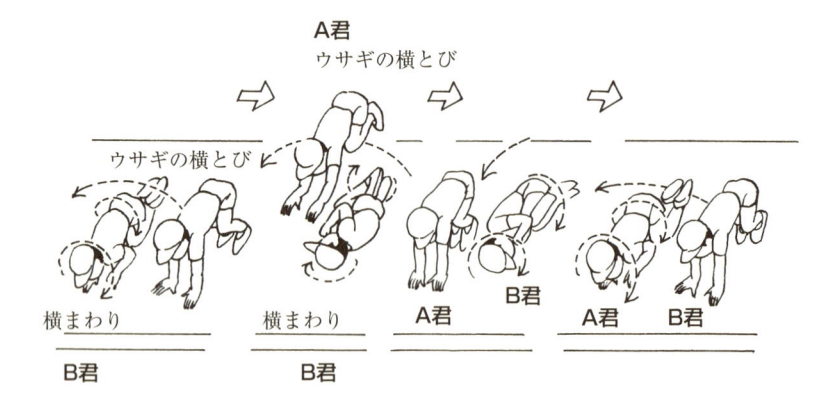

A君
ウサギの横とび

ウサギの横とび

横まわり
B君

横まわり
B君

A君

A君 B君

③マットを組み合わせる

　マットをたて，横に組み合わせて敷き，前転や後転などの簡単な技で調子を合わせて連続して行う。

　　a) 中央でぶつからないように　　　b) 一方は前転，一方は中央で
　　　 前転を連続して行う　　　　　　　 とび前転をする

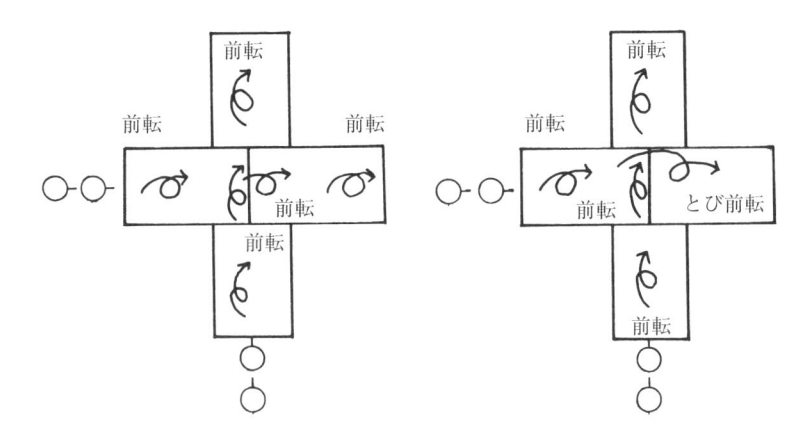

④バランス技を組み合わせる

　　V字バランスを組む　　　　　　　いろいろなバランス技を
　　　　　　　　　　　　　　　　　　組み合わせる

⑤片足旋回をそろって行う

・並んでスピードを合わせる
・向かい合って合わせる
・動きを少しずつずらせる

⑥方形マットの連続技（4人の集団）の例

a) 前転―開脚前転（2回）―V字バランス―下図b）へ

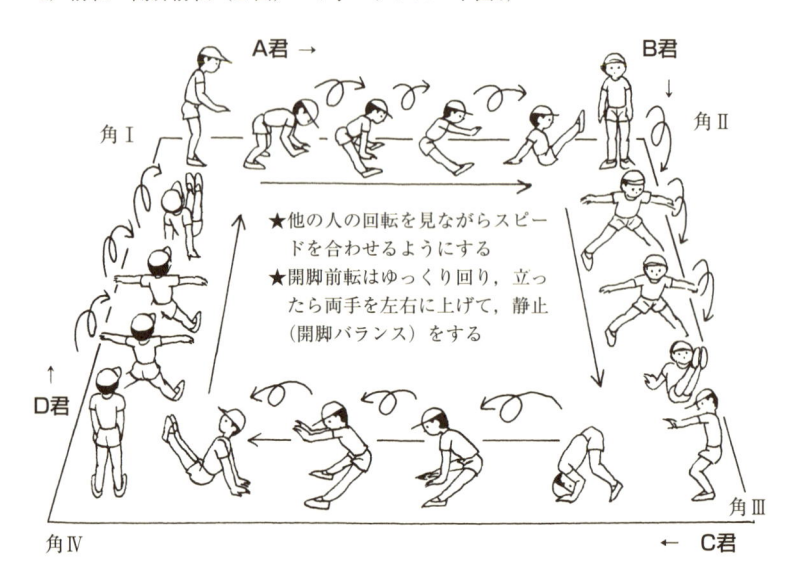

★他の人の回転を見ながらスピードを合わせるようにする
★開脚前転はゆっくり回り，立ったら両手を左右に上げて，静止（開脚バランス）をする

b) 立って中央に向かって側方倒立回転―片足水平立ち―側方倒立回転（戻る）―右ページc）へ

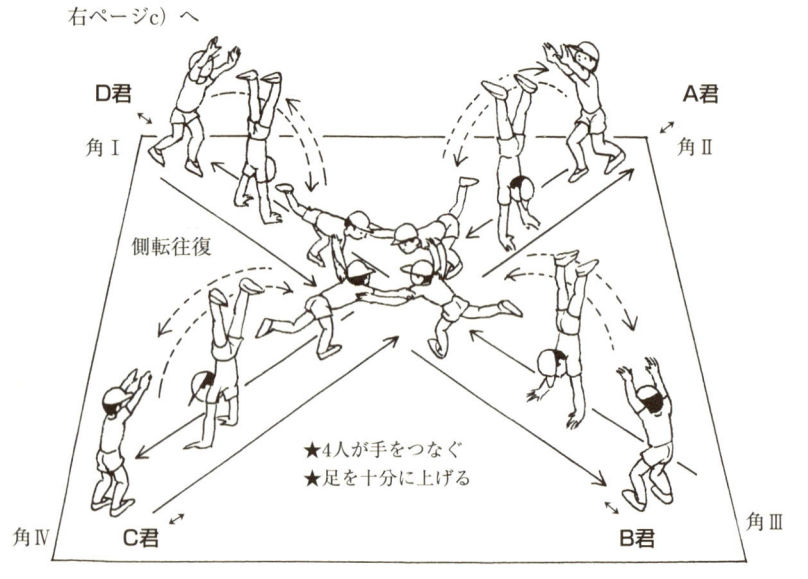

側転往復

★4人が手をつなぐ
★足を十分に上げる

c) 角Ⅱ，角Ⅳから，前転—とび前転連続

角Ⅰ，角Ⅲから，側方倒立回転連続（すれちがい）—下図d) へ

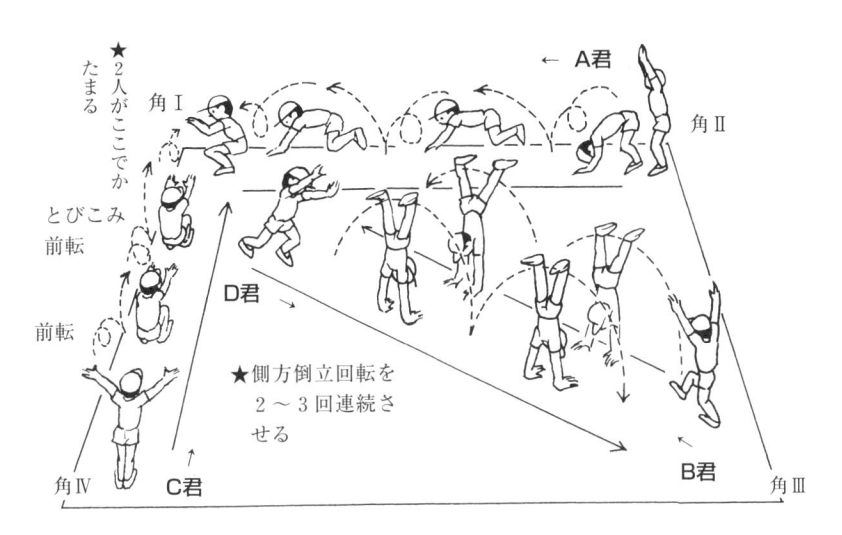

★2人がここでかたまる

とびこみ前転

前転

← A君

角Ⅰ

角Ⅱ

D君

★側方倒立回転を2〜3回連続させる

角Ⅳ　C君　B君　角Ⅲ

d) 角Ⅰから角Ⅱ，角Ⅳに向かって助走—側方倒立回転後ろひねり

角Ⅰ，角Ⅲから助走—側方倒立回転後ろひねり—膝立バランス

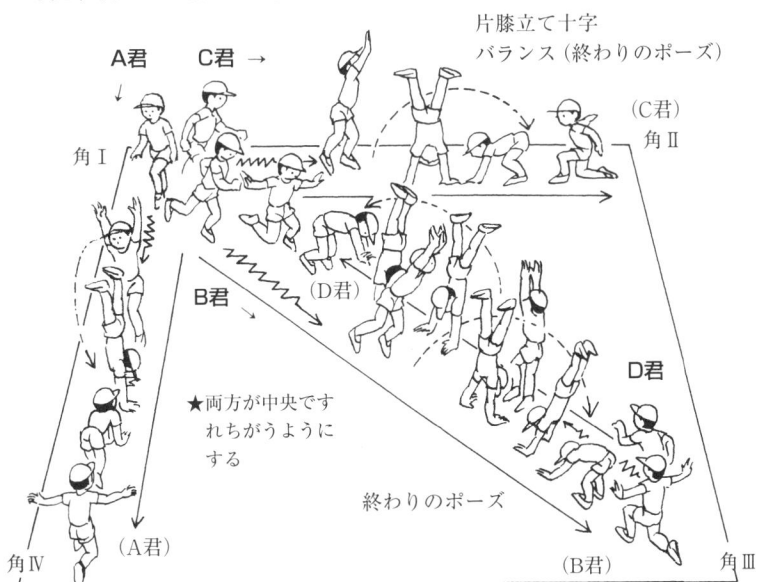

片膝立て十字バランス（終わりのポーズ）

A君　C君→

角Ⅰ

(C君)
角Ⅱ

B君

(D君)

D君

★両方が中央ですれちがうようにする

終わりのポーズ

角Ⅳ　(A君)　(B君)　角Ⅲ

Ⅲ 学習指導計画例と記録用紙・学習カード例

① 指導計画・指導案例

1. 第6学年マット運動指導計画例

単元名 マット運動

単元目標
1. 回転，ジャンプ，バランス技をリズミカルに組み合わせ，まとまりある連続技をつくる。
2. ホップ側方倒立回転などの回転技を身につけ，ダイナミックな動きができるようにする。
3. 班で連続技を考え，互いの技を評価したり，教え合ったりしてよりよい連続技をつくる。

指導計画 （12時間）

次	時	学 習 内 容
第一次	2時間	○オリエンテーション。 ・マット運動の教材全体の目標と学習についての見通しを明確にもつ。 ・グループの編成，役割を決定する。 ・用具の使い方，記録表のつけ方がわかる。 ○現在できる技について練習し，記録表につける。 ○記録表をもとに不得手な技を練習する。
第二次	3時間	○側方倒立回転系の技を中心に練習する。 ・きれいな側方倒立回転をめざして練習する。 ・ホップ側方倒立回転後ろひねり，ホップ側方倒立回転前ひねり，ハンドスプリングの練習をする。

		○側方倒立回転系の技を組み合わせて，3，4種の連続技のセットをつくる。
第三次	2時間	○学年やクラスの規定演技を練習する。 ・規定演技で連続技の構成のまとまりや，リズムの変化を意識して練習する。
第四次	2時間	○グループの連続技をつくる。 ・グループでできる技を確認する。 ・小曲に合わせて，もり上がりのある連続技をつくる。 ・何回もくりかえし練習する。
第五次	1時間	○グループ技をもとにして個人の技に発展させる。 ・グループ技の何か所かを自分で変化させて，自分の得意な技をもりこんで連続技をつくる。
第六次	2時間	○個人の連続技，グループ技の発表会。 ・発表会の見る観点を示し，得点制にして発表する。 ・班の協力，まとまり，技術の向上などについて反省会をもつ。

2. 1時間の授業展開例（指導計画の第五次）

本時の目標　　○グループ演技をもとにして，個人の技能に応じた連続技をつくらせる。
　　　　　　　　○グループ内で相互評価しながら見せ合う。

展　開

	指導内容	学習活動	備考
導入	○目標をつかませる。 ○用具を準備。 ○準備運動。	○マット運動に必要な，ひざ，手首，首などの関節を柔らかくする。	

展開	○音楽に合わせて，1つ1つの技を反復練習させる。 ○グループ演技を確認させる。 ○グループ技をもとにして，個人の技能に合った連続技を考えさせる。 ○つなぎ方に注意して反復練習させる。 ○個人のつくった連続技を相互評価させる。	○1つ1つの技を正確に，リズムにのって練習する。 ○1回ずつグループ技を練習する。 ○グループ技は班全員ができる技であるので，3〜5か所，個人の得意技を生かせる所をつくり，個人の連続技をつくる。 ○つなぎがなめらかになるように練習する。 ○よく工夫したものをとり上げて発表する。	○カセットテープレコーダー ○マジック ○班の練習カード
まとめ	○整理運動。 ○用具の後始末。 ○次時の予告。	○全身を大きく動かして，体を柔かくほぐす。 ○後始末は全員で行う。	

評　価　　○個人の能力に応じた連続技をつくることができたか。
　　　　　　○班で協力して連続技の相互評価ができたか。

❷ 記録表の例

(1) グループノートの例

No.1 表紙（122ページ参照）

目標と役割

No.2 全体計画表（123ページ参照）

オリエンテーションのときに，この表を見せながらマット運動の全体計画や練習方法について説明する。また，グループ記録表の書き方等についても説明する。

No.3 個人の習得技の記録表（124ページ参照）

個人の習得技をグループでチェックしておく。グループの連続技をつくるときに参考にするとよい。どこまでできたら「できる」となるか，あらかじめ指示をしておく。

No.4 習得技の記録表（125ページ参照）

今までにできなかった技ができるようになると，とてもうれしいものである。できるようになったポイントを自分のことばで書いておき，グループで教え合う資料にする。

No.5 練習計画の反省表（126ページ参照）

このページは毎日の記録である。グループごとに計画と反省を話し合い，記録係がその要点を記入しておく。

(2) 個人の種目習得表（127ページ参照）

個人別の進歩の状況を記録することは，子どもたちにとっては具体的目標が立てやすく，1つ1つの技に挑戦し，克服していくよろこびがもてることから，記録表を工夫することが指導上も好ましい。

(3) 個人の連続技記録用紙（128ページ参照）

各自がつくった連続技を記録しておく表であるが，図や記号で書けるように，表記の方法を指導しておくとよい。

(No. 1 表紙例)

マット運動の記録

目 標

1 できる技を組み合わせて,楽しくリズミカルなまとまりある連続技をつくろう。
2 今までにならった技,新しい技が正確にできるようにしよう。
3 グループ共通の連続技から,個人の技能に応じた連続技へ発展させよう。

役割の例

年 組			グループ
班 長	班をまとめる	音 楽	音楽の準備
副班長	準備体操の指導 (その他班長の補佐)	準 備	マットの準備・配置 (作業は全員で行う)
記 録	グループノートの記録	準 備	マットの準備・配置 (作業は全員で行う)

(No. 2　全体計画表例)

全体計画（12時間）

次	時	学習内容
一次	1・2	・先生の話，みんなの話し合い ・グループづくり ・練習の進め方，いろいろな約束，注意 ・今までにできる技の確認と練習
二次	3・4・5	・今までにできる技の練習 ・側転系の技の練習 ・側転系の技を組み合わせた練習 ・新しい技の練習
三次	6・7	・だれもができる技で規定の連続技を決める ・クラスの規定連続技を練習する
四次	8・9	・グループごとの連続技をつくる ・グループの連続技を練習する ・単一技を確実にきれいにできるようにする
五次	10	・個人の得意技の練習，新しい技の練習 ・個人の連続技をつくる ・個人の連続技の練習
六次	11・12	・グループの連続技の発表 ・個人の連続技の発表 ・学習全体の反省と評価

(No.3　個人の習得技の記録表例)

個人の習得技の記録

個人のできる技を確認しよう

はじめからできる技　○

できるようになった技と日付　月/日

技 \ グループの人の名前						
前　　　転						
後　　　転						
開 脚 前 転						
開 脚 後 転						
側方倒立回転						
ホップ側方倒立回転後ろひねり						
ホップ側方倒立回転前ひねり						
首 は ね 起 き						
頭 は ね 起 き						
V字バランス						
首　倒　立						
片 足 旋 回						

（No. 4　習得技の記録表例）

習得技の記録

今までにできなかった技が，どんなきっかけでできるようになりましたか。どんなこまかいことでも書いてみましょう。

だれが	どんな技か	どんな方法でできるようになったか
例 ○○君	側方倒立回転	今まで腰が上がらなかったけれど，ゴムひもを使ったら腰がのびた。

(No.5 練習計画の反省表例)

練習計画の反省

月 日	時間目	記録した人	

○今日の練習目標

○練習と反省の記録

○先生からアドバイス

一言感想コーナー	名前	

（個人の種目習得表例）

マット運動進歩の記録表

年	組	番	氏名

・前からできる ◎ ・できた ○

・できた日を記入

・その他の技や自分で工夫した技は空欄に記入

ロール系技 （回転）	できた	できた日	スプリング系技 （転回）	できた	できた日	バランス技 跳躍技	できた	できた日
側　　　転			円盤まわり			V字バランス		
前　　　転			側方倒立回転			首　倒　立		
後　　　転			ホップ側方倒立回転			倒立（補助）		
開　脚　前　転			ホップ側方倒立 回転後ろひねり			ブリッジ		
開　脚　後　転			ホップ側方倒立 回転前ひねり			垂直ジャンプ 1回転		
とび前転			首はね起き			片足水平立ち		
			頭はね起き			片　足　旋　回		
			前方倒立回転					

(個人の連続技記録表例)

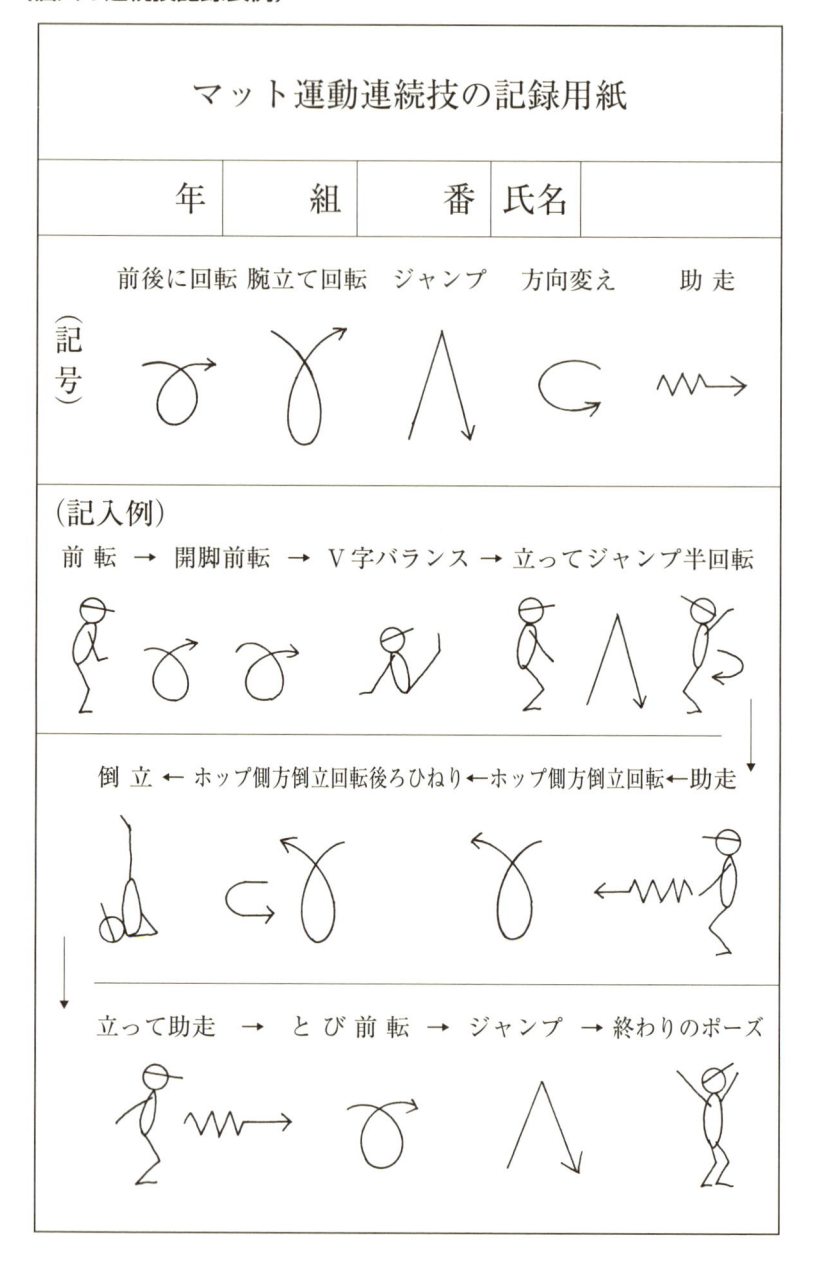

マット運動連続技の記録用紙

| 年 | 組 | 番 | 氏名 |

(記号)　前後に回転　腕立て回転　ジャンプ　方向変え　助走

(記入例)

前転 → 開脚前転 → V字バランス → 立ってジャンプ半回転

倒立 ← ホップ側方倒立回転後ろひねり ← ホップ側方倒立回転 ← 助走

立って助走 → とび前転 → ジャンプ → 終わりのポーズ

3　学習カードの例

1. 練習方法の工夫…開脚前転の例

課題	できるようにしたいこと	練習方法の例	自分たちで工夫した練習方法
開脚の柔らかさ	腰をおろして開脚し，体を前にまげる ・足を大きく開く ・ひざをまげない ・あごが床につく位，できればそれ以上まげる	・足を左右に大きく開く ・背中をおしてもらう	
開脚で立つ	開脚のままで，腰をあげて立つ ・足を大きく開く ・ひざをまげない ・手をついてもよい	・手を引いてもらう ・手をついて立つ	
開脚前転	前転から大きく開脚して立つ ・前転 ↓ ・開脚 ↓ ・立つ	坂をつくってまわる ・ゆっくりまわる ・大きく開脚する ・ひざを伸ばす ・手をついて立つ	

2. 課題を見つける工夫…側方倒立回転後ろひねりの例

どこがうまくいかないかをつかんで自分の課題を設定し、その練習方法を工夫して記録する。

段階	側方倒立回転後ろひねり	段階ごとの課題の要点	自分の課題と練習方法の工夫
ホップとふみきり		1. 助走からの自然なホップへの入り方 2. なめらかで高いホップ 3. ホップのときの上体の伸びと両手の振り上げ	
手のつきとけり上げ		1. なめらかな手のつき 2. 手のつきと軽い上体のひねり 3. 強いけりと足の振り上げ	
側方倒立回転		1. 足の振り上げと腰の伸ばし 2. ぼうのような体全体伸ばし 3. 両足をそろえた回転	
後ろひねり		1. 自然なひねりによる後ろ向き 2. ひねりに合わせた手のつき 3. 体全体の伸ばし	
手のつきはなし		1. 腰まげと合わせた手のつきはなし 2. 手のつきはなしによる体のはずみ 3. 上体の起こしと着地	

3. 連続技のつなぎの工夫

設定した連続技で，なめらかなつなぎができるように自分の課題を決め，その練習方法を工夫する。

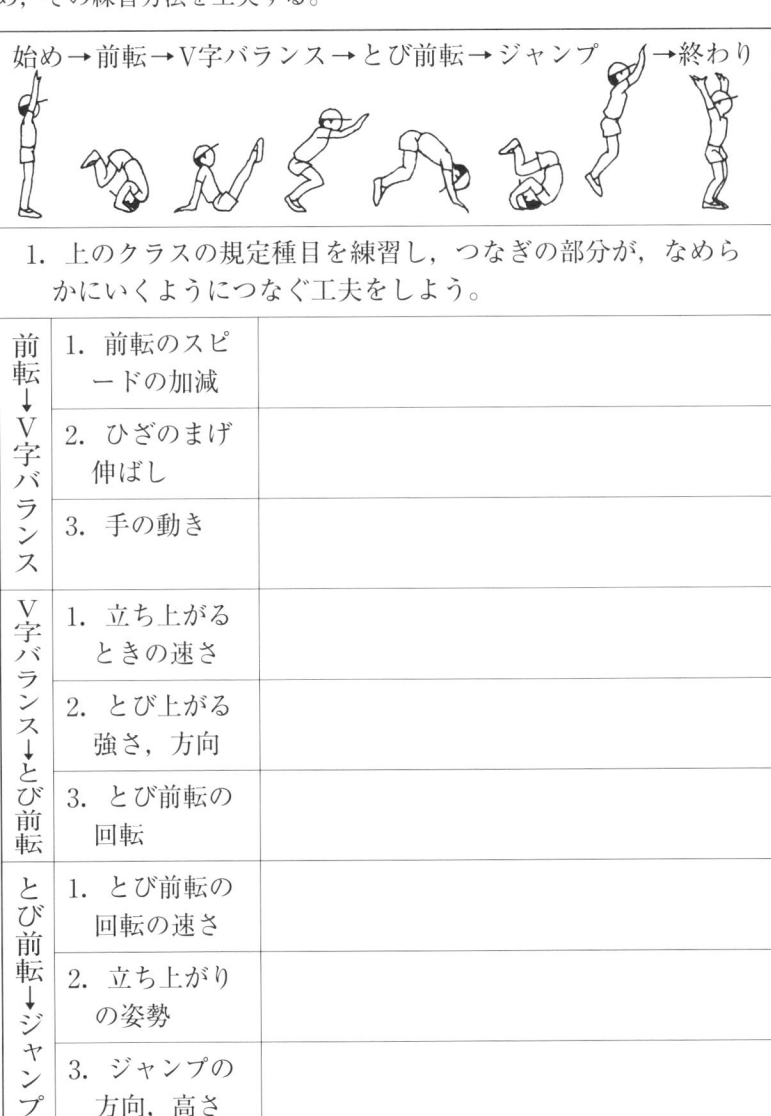

始め→前転→V字バランス→とび前転→ジャンプ→終わり

1. 上のクラスの規定種目を練習し，つなぎの部分が，なめらかにいくようにつなぐ工夫をしよう。		
前転→V字バランス	1. 前転のスピードの加減	
	2. ひざのまげ伸ばし	
	3. 手の動き	
V字バランス→とび前転	1. 立ち上がるときの速さ	
	2. とび上がる強さ，方向	
	3. とび前転の回転	
とび前転→ジャンプ	1. とび前転の回転の速さ	
	2. 立ち上がりの姿勢	
	3. ジャンプの方向，高さ	

Ⅳ 評価

　評価規準に関しては，技能面，情意面，学び方などの観点にもとづいて作成されている場合が多い。マット運動の場合は技能において「できる」「よりよくできる」「表現する」といった発展の流れを大事にしたい。技のつながりや発展の見通しをふまえながら学習に取り組むと，マット運動で育てたい演技をつくり表現するおもしろさを味わうことができるはずである。このような子どもたちの学びを評価するには，子どもたちが演技のよさや創意工夫のあり方にも目を向けさせていく教師のかかわりが必要である。

　学習の終盤になると，子どもたちの学習は発表することを視野に入れた取り組みに力が入ってくる。教師が評価する場面は大事にしたいが，子どもたちにも評価の観点が明らかになっていることが望ましい。

　単一の技の学習については，次のよう観点が設定できる。
・技術ポイント（技のこつ）をつかんでいるか
・自分の今の力にあった技を選んで練習しているか
・安全に取り組めているか

また，連続技に関しては次のような観点を設定できるだろう。
・作品の構成
・つなぎのなめらかさ
・演技する場の使い方
・作品の美しさ

　このような観点から，子どもたちによる「こんな場合はどう評価すべきか」「この点をポイントにしていこう」というようなさらに具体的な視点が生まれてくる。評価活動を子どもの手ですすめていけるようなまとめをしたいものである。

　さらにこうした相互評価で得た実感が自分の演技づくりに還元されることも期待できる。客観的な視点を用いながら，自己評価に関しても

各々が納得できる評価へとつながっていくことが大切である。

　実はこうした子どもたちの評価が教師による自身の授業評価と一体のものという視点ももっていたい。

　学習指導計画は授業実践を経て加筆修正され，子どもの実態に即した次の計画へと変化していくものである。子どもたちが残したグループや個人のノート，記録カードや学習カードは教師が授業をふりかえる貴重な情報であり，また大切な手だてを生み出してくれる。子どもたちによる評価は教師自身の評価と受けとめ，子どもたちの技術的な優劣や取り組みの差だけの評価にならないよう心がけたい。

おわりに

　私が小学校教師になったのは20年以上も前になる。大学，大学院と勉強と論文作成に時間を費やしながら，機会を見つけては学校現場に足を運んで宿泊行事の手伝いをしていた。願いがかなって教育現場に足を踏み入れたものの，小学3年生の子どもを目の前にして「何を，どのように」すればよいか不安ばかりが募り，毎日が悪戦苦闘の日々だった。
　この「絵でみる」シリーズを初めて手にしたのは，そんな教師になりたての頃である。勤務先と研究サークルの大先輩である岡田和雄氏によって手がけられ出版された書籍であった。すでに公立小学校の校長でありほとんど会う機会のない岡田氏であったから，数少ない接点がこのシリーズを読み勉強することだった。私には，明日の授業のために技の発展や指導の段階をしっかり覚えることが必要であり，さらに私自身器械運動が苦手だったので，まず自分ができるようになること，そして自信をもって子どもの前に立つことが目標だった。
　授業や実技研修を重ねるにつれ，「できる」喜びに技の難易はそれほど関係ないこともわかった。どんなに小さな「できる」でも，自分が「できた！」と感じられたときは本当にうれしい。サークルの実技研修などで先輩の先生からアドバイスをしてもらったり誉めてもらったりすることもうれしい。きっと子どもたちも同じような喜びを味わいたいと願い，先生や仲間からのアドバイスを求めているだろうこともよく理解できた。教師になってから自分の「できる」喜びを味わい，子どものそれに出会えたのはこのシリーズのおかげだった。
　マット運動は「できる」「できない」が自分でも他者からも見えやすい運動である。前述のような喜びを味わえた子はさらに意欲的に練習に取り組む。味わえない子はマットに背を向け練習しないようになる。教師の指導ひとつで子どもが「できる」「できない」の2つに分かれていくのだから，私たちの責任は重い。
　時代は移り変わり，教育現場に対する社会的な要請は多岐にわたるよ

うになった。それらすべてに対応することが難しいのが実情である。それでも私たちは目の前の子どもたちが「学校が好き」と思えるよう，毎日毎回の授業の充実をめざしている。体育の授業では，どんなに小さい「できる」でも，「先生，今日は○○ができた！」という子どもの声を聞きたくて教材研究や授業準備に取り組んでいる。子どもたちと良好な関係を築くのは，まずは授業の充実である。

　本書が，新しい知見をふまえて改訂版として再刊されることが決まり，あらためて読み返すと，この年齢になっても「なるほど！」と思えることが多くある。若いときに懸命に読んだときは気づかなかったことが，今ならわかる。この本が多くの読者に購入された意味がよく理解できた。

　子どもたちは可能性の存在である。必ずできるようになり，マット運動を好きになっていく。そう信じて日々指導に当たっている先生方がふと不安になったときにこの本を開いていただきたい。先生方が，子どもたちの歓声や，自信をもって演技に取り組んでいく姿を思い浮かべ読んでいただくことを切に願っている。

　最後になったが，本書を執筆された岡田和雄氏と村上紀子氏のご苦労にあらためて感謝申し上げるとともに，再刊にあたっての編集・制作にご尽力いただいた方々に心より御礼申し上げる。

　2008年2月

　　　　　　　　　　　　　　　　　　本巻担当編者　内田雄三

〈編者〉
内田 雄三（うちだ　ゆうぞう）
白鷗大学教育学部准教授
1985年　東京学芸大学保健体育科卒業
1987年　同大学院教育学研究科修了
著　書　『新学習指導要領による小学校体育の授業3』（共著・大修館書店）
『鬼遊び・ボール遊びで多様な動きづくり』（学事出版）
改訂版の編集ならびに，Ⅰ章・Ⅳ章・「おわりに」の執筆担当

〈著者〉
岡田 和雄（おかだ　かずお）
1932年　東京に生まれる
1957年　東京学芸大学保健体育科卒業
東京学芸大学附属世田谷小学校副校長，東京都文京区立指ヶ谷小学校長，同湯島小学校長，東京教育専門学校校長を歴任
著　書　『たのしくできる体育1・2年の授業』『同3・4年』『同5・6年』（あゆみ出版）
『子どもの喜ぶ体育の授業』（大修館書店）
『器械運動の指導』（共著・ベースボールマガジン社）他

〈図解の絵〉
いなみ　さなえ
1983年　お茶の水デザイン学院グラフィック科卒業
広告代理店勤務を経て独立
現在フリーイラストレーター

村上 紀子（むらかみ　のりこ）
東京学芸大学保健体育科卒業
東京都公立小学校教諭として，数々の小学校で教鞭をとった後，退職

JASRAC　出0800867-004

新 絵でみる マット運動指導のポイント

2008年4月20日　改訂版第1刷発行
2017年1月25日　改訂版第4刷発行

編　者	内田雄三
著　者	岡田和雄・村上紀子
発行者	伊藤 潔
発行所	株式会社 日本標準
	〒167-0052　東京都杉並区南荻窪3-31-18
	TEL 03-3334-2620　FAX 03-3334-2623
	URL http://www.nipponhyojun.co.jp/
カバーイラスト	田代 卓
カバーデザイン	増田デザイン事ム所
DTP制作	株式会社 大知
編集協力	吉沢正博
印刷・製本	株式会社 リーブルテック

◆落丁・乱丁の際はお取りかえいたします。
◆定価はカバーに表示してあります。

ISBN 978-4-8208-0326-3 C3037
Printed in Japan